本书编委会

主　任　张君诚

副主任　赖祥亮　许明春

主　编　赖祥亮

副主编　许明春　龚兵丽

委　员（按姓氏笔画为序）

艾述华　李奇勇　邱国鹏　张敬丰　陆发信

罗金华　赵平喜　秦德平　高　浩　龚兵丽

应用型大学
教学组织形式创新

——项目驱动创新班探索与实践

主　编　赖祥亮

副主编　许明春　龚兵丽

厦门大学出版社 XIAMEN UNIVERSITY PRESS
国家一级出版社
全国百佳图书出版单位

图书在版编目(CIP)数据

应用型大学教学组织形式创新:项目驱动创新班探索与实践/赖祥亮主编.—厦门:厦门大学出版社,2021.12
ISBN 978-7-5615-8315-9

Ⅰ.①应… Ⅱ.①赖… Ⅲ.①高等学校—教学法—教学改革—研究 Ⅳ.①G642.41

中国版本图书馆 CIP 数据核字(2021)第 276106 号

出 版 人 郑文礼
责任编辑 李峰伟

出版发行 厦门大学出版社
社　　址 厦门市软件园二期望海路 39 号
邮政编码 361008
总　　机 0592-2181111 0592-2181406(传真)
营销中心 0592-2184458 0592-2181365
网　　址 http://www.xmupress.com
邮　　箱 xmup@xmupress.com
印　　刷 厦门市明亮彩印有限公司

开本 787 mm×1 092 mm 1/16
印张 11.5
插页 2
字数 280 千字
版次 2021 年 12 月第 1 版
印次 2021 年 12 月第 1 次印刷
定价 48.00 元

厦门大学出版社
微信二维码

厦门大学出版社
微博二维码

前　言

普通本科高校向应用型转变，是近年来我国高等教育界的重大变革，是顺应国家经济社会发展和重大战略人才需求的重要举措。许多应用型本科在国家政策引导下顺利渡过了转型期，正进入办学特色形成期和大学品牌铸造期，逐步走向特色化的“类型化教育”。

应用型大学高质量发展需要持续创新人才培养模式和教学组织形式，系统解决产教融合、校企育人中各要素协同不畅，深度融合引擎乏力，应用型教育教学团队黏合度不高等问题。三明学院在转型发展过程中，主动对接区域主导产业，逐渐探索出以项目驱动创新班为引擎的专业群、产业学院、应用型教学团队和课程有机协同的“五位一体”应用型人才培养模式，有效提升应用型人才培养质量。

三明学院项目驱动创新班缘起于2014年的“神画时代专班”，为落实与福建神画时代数码动画有限公司校企合作共建协议，学校通过专班建设、项目引进、师资交流、教材研发等形式进行校企合作。经过3年的实践与探索，“2017金砖（厦门）会晤服务创新班”的圆满成功标志着项目驱动创新班这一教学组织新形式逐渐走向成熟。

作为具有“类型标签”价值的教学组织新形式，项目驱动创新班具有灵活性、针对性、黏合性、实践性等突出特点，能有效协同校企育人要素提高专业群内部的共享度，避免产业学院研究院化，促进教学团队形成跨界能力，提升应用课程的开发水平，进而助推地方院校转型发展。截至目前，三明学院共组建项目驱动创新班100余个，覆盖全校7大学科46个专业，形成一批可复制推广的实践成果。

本书基于项目驱动创新班探索和实践而形成，分为理论探索和案例实践两个部分，收录了5篇项目驱动创新班理论研究论文和15个项目驱动创新班优秀案例。从理论上探讨作为引擎的项目驱动创新班的内涵及其合理性；在实践中打破以学院、专业配置教学资源的传统教学组织形式，根据项目实施需求灵活配置课程、师资、实践实习等教学资源，推进专业群、产业学院、应用型教学团队和课程等方面的充分黏合，协同各类育人资源和要素，落实产业学院人才培养主体功能，打造校企混编应用型教学团队，提升教学团队与课程建设整体水平。本书通过对项目驱动创新班的生动展示，力求丰富项目驱动创新班建设路径和模式，为应用型人才培养模式改革与创新提供借鉴，形成具有典型示范意义的实践样本，为探索机制创新、促进产教深度融合提供参考。

感谢兰明尚、钟卫华、林静、伍荣生、李明骞、叶宁、杨红梅、杨晓燕、邱思杰、邢建宏、魏丽萍、念家雯、张欣宇、罗奋涛、敖鹏、阴翠梅、陈秀琼、王峰等为本书提供了丰富的理论研究和翔实的实践案例。后续还将陆续结集出版项目驱动创新班、产业学院等相关理论研究与实践案例，敬请关注。

目　录

理论探索

案例实践

理论探索

LILUN TANGSOU

新时代示范性应用型高校“12345”发展模式探析*

兰明尚

摘要:新时代赋予高等教育新的内涵,也对高等教育提出了新的期待和要求。三明学院作为地方省级转型示范校,在深刻理解新时代高等教育内涵基础上,重新构建具有自身特色的“12345”发展模式,以全面提高人才培养能力为核心,以“创应用强校,育致用大才”为目标,聚焦“产业人才、师范人才和三创人才”培养,创新“四位一体”应用型人才培养模式,抓好学科专业、师资队伍、教学体系、教材体系和管理体系五个方面的建设,初步回答示范校的示范内容,以期为新时代应用型人才培养提供范式,为示范性应用型高校第二阶段转型发展提供可借鉴的实践经验。

关键词:新时代;高等教育;应用型高校;发展模式

新时代赋予高等教育新的内涵,也对高等教育提出了新的期待和要求。地方院校经过一轮的转型发展,教育教学改革“四梁八柱”基本搭建,进入“内部装修”和提升阶段。那么新时代高等教育的内涵和抓手是什么?地方省级转型示范校的示范效应如何体现?这些都是现阶段地方院校亟待回答的问题。

一、新时代新阶段对地方高等教育的新期待新要求

党的十九大把习近平新时代中国特色社会主义思想确立为我们党必须长期坚持的指导思想,提出了建设社会主义现代化强国和教育强国的伟大奋斗目标,对高等教育、人才培养提出了新要求新期待。此外,作为世界高等教育第一大国、世界第二大经济体,中国已进入世界舞台中央,中国的高等教育也开始与国际高等教育最新发展同频共振。中国高等教育已在追赶、借鉴、跟跑的过程中形成了学生中心、成果导向和持续改进的主流教育理念,部分领域也已开始领跑世界,如创新创业教育、信息技术与教育教学深度融合的在线开放课程建设等。地方高等教育担负着为国家为地方培养应用型人才的重任,理应坚持不懈探索具有自身特色的发展模式,不断增强自身的竞争力和影响力,为实现中华民族伟大复兴强国梦提供强有力的智力支持和人才保障。

地方院校经过一轮的转型发展,教育教学改革“四梁八柱”基本搭建,应用型办学成为普遍共识,产教融合、校企合作育人机制逐步形成,应用型学科专业迅速发展,学校的

---

* 本文 2019 年 6 月刊于《三明学院学报》第 36 卷第 3 期。

地方性、行业性、应用性特征逐步凸显。[1]应用型高等教育已进入“内部装修和提升”阶段。三明学院作为地方省级转型示范校，探索具有自身特色的发展模式，回答好示范校示范什么、示范效应如何体现等问题，既是亟须解决也是无法回避的实践问题，更是一种责任担当。

二、新时代示范性应用型高校“12345”发展模式的内涵分析

三明学院抓住入选福建省转型示范校的契机，结合转型发展第一阶段的经验，基于“培养什么人、怎样培养人、为谁培养人”这一根本问题，制定了“12345”模式，即“一个核心，两大目标，三类重点，四位一体，五大举措”，正面回答了示范校的建设目标、实现路径、保障措施等关键问题。学院重新梳理顶层设计、设计发展路径、制定改革举措等，使学科专业特色更加鲜明，人才培养目标更加聚焦，体制机制更加合理，服务地方能力更加有力，发展路径更加清晰，以期为新时代应用型人才培养提供范式，为示范性应用型高校第二阶段转型发展提供可借鉴的实践经验。

（一）以“全面提高人才培养能力”为核心，构建高质量思想政治工作育人体系

习近平总书记在北京大学师生座谈会讲话中指出：“人才培养体系涉及学科体系、教学体系、教材体系、管理体系等，而贯通其中的是思想政治工作体系。加强党的领导和党的建设，加强思想政治工作体系建设，是形成高水平人才培养体系的重要内容。”[2]学校全面贯彻党的十九大会议、全国高校思想政治工作会议及习近平总书记在北京大学师生座谈会、学校思想政治理论课教师座谈会上的重要讲话精神，落实立德树人根本任务，主动构建与高水平人才培养体系相适应的思想政治工作育人体系，形成多方合力，扎实推进育人成效。

一是加强党建引领，坚持办学正确政治方向。“办好我国高等教育，必须坚持党的领导，牢牢把握党对高校工作的领导权，使高校成为坚持党的领导的坚强阵地”[3]，“知识是没有国界的，但是教育一定具有政治属性”[4]。高校必须坚持办学正确政治方向，为中华民族的伟大复兴和社会主义现代化强国的建设服务。三明学院不断加强党对学校工作的领导，完善党委领导下的校长负责制和二级学院党政联席会议制度，发挥党委在把握方向、总管大局、科学决策中的核心作用。完善党委教师工作部的工作职责，加强党对教师思想政治教育、师德师风建设和人才队伍建设的领导。创新党建工作新模式，搭建党建活动融入教学科研活动的公共平台，扎实推进“尊师爱生”“学相长”“研推进”“党建引领”等主题月活动，切实发挥在科研、教学和社会服务等领域的党建引领作用。

二是落实立德树人，健全“三全”育人长效机制。“要坚持把立德树人作为中心环节，把思想政治工作贯穿教育教学全过程，实现全程育人、全方位育人，努力开创我国高等教育事业发展新局面。”[3]用新时代中国特色社会主义思想铸魂育人，贯彻党的教育方针，落实立德树人根本任务。[5]因此，把学习贯彻全国高校思想政治工作会议精神和落实《高校思想政治工作质量提升工程实施纲要》有机结合，不断完善育人机制，持续优

化评价激励，精准落实保障措施，推动构建“三全”育人格局。实施课程体系和教育教学创新计划，推动开设政治理论类选修课程；强化其他学科专业立德树人职责，深入挖掘各学科专业蕴含的思想政治教育资源，推动各类专业课程与思想政治理论课同向同行，形成协同效应。充分发挥思想政治理论课主渠道作用，促进培养和践行社会主义核心价值观真正落实到学校的教材课堂中，落实到学校文化育人和学生实践活动中。学院通过持续开展“三明三康”主题活动、承办“三明道德论坛”等，弘扬中华优秀传统文化和家庭美德，传播向上向善正能量，把社会主义核心价值观宣传教育贯穿于教书育人、立德树人全过程。

(二)以“创应用强校，育致用大才”为目标，打造与地方经济社会发展同频共振的应用型高等教育

锁定“地方性、应用型、开放式”办学定位，以“创应用强校，育致用大才”为目标，将“通经致用、学以致用”思想主动融入技术进步、产业振兴、区域发展的时代潮流，坚定不移走产教融合、校企合作之路，全力打造“产业伙伴‘地方智库’人才基地”的品牌形象，地方应用型高等教育与地方经济社会发展同频共振，为地方经济社会发展提供科技支持、智力服务和人才支撑。

一是打造服务地方的科技创新高地，致力成为地方行业企业信赖的“产业伙伴”。“地方性、应用型、开放式”的办学定位，决定了应用型高校的科技创新工作要突出应用性，强调为地方经济社会发展服务，为地方行业企业提供技术创新、升级改造等。“从高校工作全局来看，抓科研就是建学科，谋创新就是创一流。”[6]积极推动学科专业与地方产业相衔接，加强科研成果转化力度，促进学科与科技进步、产业发展同频共振，全面提高学校服务区域经济社会发展的能力。

二是打造区域文化传承创新高地，致力成为地方政府和社会倚重的“地方智库”。我国著名高等教育学家潘懋元先生提出：“文化功能是大学的基本功能，大学的一切工作其实就是为了文化的发展。大学不仅具有传承文化的作用，还具有选择文化、批判文化的作用，更重要的是创造文化、引领文化的作用。”[7]一方面，应用型高校应主动把区域文化核心融入学校建设，融入学校人才培养过程，营造以文化人、以文育人氛围；另一方面，发挥文化高地的引领和示范作用，积极承担区域重大现实问题课题，提高学校在三明市生态文明先行示范区、三明市国家公共文化服务体系示范区等社会公共服务的参与度，把学校建成重要的学术创新和决策咨询服务基地，成为地方政府和社会倚重的“地方智库”。

三是打造地方应用型人才培养高地，致力成为地方经济社会发展重要的“人才基地”。围绕地方产业转型升级，瞄准区域战略新兴产业发展需求，主动推进学科专业结构调整优化、应用型人才培养模式改革、大学生创新创业教育模式改革等，坚持培养理论基础扎实、实践能力较强、具有创新精神、适应区域经济社会发展需要的高素质应用型人才。吸引和聚集高层次人才，为学校深化教育教学综合改革和推进科研服务工作提供重要指导和支撑作用；拓展“智哺行动”的形式与载体，调动高层次人才主动研究三明、服务三明的积极性和主动性，推动高层次人才服务社会常态化，成为地方重要的人才高地。

（三）聚焦“三类”人才培养，支撑和保障地方经济社会产业转型升级

新工科“复旦共识”中提出，“地方高校要对区域经济发展和产业转型升级发挥支撑作用”。根据学校转型发展和三明市情实际，结合现有的学科优势和地方经济社会发展需要，重点聚焦产业人才、师范人才和“双创”人才的培养，支撑和保障地方经济社会产业转型升级。

一是服务区域产业转型升级，培养产业人才。“以产业需要的各类特色人才作为自己的培养标准，以产业发展中的各种问题作为自己的研究课题，在对接产业需求中获得更多的办学资源，进而不断提高学术水平，更好地服务产业发展，形成良性发展局面。”[8]三明学院对接地方扶持传统产业、培育新兴产业、发展绿色产业的战略决策，主动调整学科专业结构，推动学科专业交叉融合，培养新工科人才。以战略性新兴产业氟化工产业为例，依托全省首个由“政府主导、学院主体、企业参与、院校协同”的氟化工产业公共研发服务平台——三明氟化工产业技术研究院，在技术创新、项目攻关、产品开发、人才培养等方面进行研究探讨，突破产业发展技术瓶颈，培养氟化工专业人才，提升氟化工企业综合竞争力，促进氟化工产业转型升级。

二是重新擦亮百年师范牌匾，培养师范人才。实施“闽师之源”振兴行动计划，主动面向三明地区培养“下得去、留得住、教得好、有发展”的合格教师，协助三明市政府建立健全乡村教师成长发展支持服务体系，打造三明市基础教育研究高地，有效支撑三明地区基础教育高质量发展。学院通过更新教师教育理念、优化人才培养方案，加大对教师教育研究的支持力度，适时参加师范专业认证，进一步提升教师教育培养质量；通过打造金凤凰教育服务品牌，打造基础教育学科研究高地，打造教师教育职业技能训练中心，搭建区域教师成长服务体系；积极做好永安大湖“闽师之源”遗址保护规划工作，传承与弘扬“百年致用文化”。

三是深化创新创业教育改革，培养“三创”人才。坚持把提高人才培养质量作为创新创业教育改革的出发点和落脚点，以培养“会应用、有后劲、好就业、能创业”的高素质应用型人才为目标，重点推进“三创”教育与专业教育、思想政治教育、职业道德教育紧密结合，“三创”教育与应用型人才培养模式改革相向协同，实现创新创业教育全员、全过程、全方位育人，提升学生的创新精神、创业意识和创新创业能力。完善“三创”教育课程体系建设，将“三创”的意识养成、项目培育、竞赛孵化、实习实践贯穿到应用型人才培养的始终，实现“三创”教育融入专业课程体系、融入实践能力培养、融入服务地方发展的“三融合”模式。着力提升教师“三创”教育能力，加大“三创”教学研究与理论研究工作，打造高素质专业化团队。

（四）创新“四位一体”应用型人才培养模式，深化产教融合校企合作

以项目驱动创新班为抓手，融“专业群、产业学院、项目驱动创新班和应用型教学团队”于一体，创新应用型人才培养模式改革，提高应用型人才培养质量。

一是组建服务区域产业的专业群、产业学院。围绕三明及周边地区产业发展，构建资源化工、智能制造、信息通信技术（information and communication technology，ICT）、土木与园林、休闲旅游、电子商务、基础教育等八个各具特色的专业群，分别精准对接服

务三明地区的新材料、制造、信息、基础建设和新农村建设、文化创意、旅游、电子商务、现代教育体系等产业(行业)。在产教深度融合的基础上,提升专业群与产业群、人才培养链与产业链、人才培养规格与岗位需求的匹配度。在八大专业群的基础上,分别组建了闽光学院、威斯特环保、智能制造、中兴通讯等产业学院,深化拓展与三明及周边地区龙头行业企业的战略合作,创新校地、校企合作模式和对接落实机制,不断提升学校服务地方经济社会发展的能力。

二是组建校企混编的教学团队。根据专业群和产业学院教学需要,整合专业群相关专业专兼职教师资源,优化师资队伍结构,发挥不同专业背景和工作经历教师的优势,通过校企“互聘、互兼”双向交流的团队合作机制,围绕专业群所服务的产业链上的某个链环或某几个链环的项目为依托,组建各类项目化教学团队,解决项目驱动创新班教学内容、教学管理、教学评价等系列问题。同时通过校企混编的教学团队,开展“一课双师”授课。

三是以项目驱动创新班为抓手,实现与产业的无缝对接。产业学院的“项目化教学”探索,扩展升级为学校的专业群、产业学院、项目驱动创新班和应用型教学团队“四位一体”应用型人才培养模式2.0版[9]。制定《项目驱动创新班管理办法》,以专业群和产业学院为平台,组建项目驱动创新班,对接产业链多元需求,于专业群中双向选择学生,政校行企精准定制实施教学方案,学生一题一做一应用,多做多思多成长,能力导向的人才培养从理论落地为实践应用[10];以产业需求为导向驱动教学实践,组建特色应用型教学团队、构建协同跨界的课程体系、创新实践政校行企合作机制,带动教学改革从浅层局部向深度全面转变,大大增强学生就业与发展能力。

(五)深化“五大”综合改革,推进应用型高等教育内涵式发展

“当前,我国高等教育办学规模和年毕业人数已居世界首位,但规模扩张并不意味着质量和效益增长,走内涵式发展道路是我国高等教育发展的必由之路。”[2]“就地方应用型大学而言,最根本的是强化质量立校意识,推动地方应用型高等教育从规模扩张为特征的外延式发展向质量提升为核心的内涵式发展转变,从关注硬指标的显性增长向致力于软实力的内在提升转变。”[11]

一是有所为有所不为,打造特色鲜明的应用学科专业体系。“应用型高校的基本特征是形成区域、行业特征鲜明的应用型学科、专业体系,并在当地或同类高校中具有相对优势和特色,形成行业企业认同的品牌,毕业生就业优势明显。”[1]第一,按照“以工为重、以师为精、多学科协调发展”的总体布局,围绕装备制造等区域主导产业规划建设省级重点学科、应用型学科和专业硕士学位点培育;按照“总量控制、增量提升、优化存量、增减联动”原则,完善专业动态调整机制。第二,精准响应地方需求,结合应用型人才培养模式升级实践,积极实施专业群、产业学院优先发展策略,有效提升应用型学科专业建设水平。第三,接轨国内国际专业建设,以成果导向教育为引领,推进教育目标、核心能力、教学大纲、学习成效评价等方面改革,提升专业内涵建设水平。

二是外引内培,专兼结合,打造高素质教应用型教学团队。“教师队伍素质直接决定着大学办学能力和水平”,建设政治素质过硬、业务能力精湛、育人水平高超的高素质教师队伍是大学建设的基础性工作[2]。要从教书育人的高度考虑,从师德师风、专业能

力等方面综合提升教师队伍素质和水平，推进高等教育内涵式发展。第一，切实贯彻师德师风作为评价教师队伍素质的第一标准，完善以品德、能力和业绩为导向，以绩效考核为核心，符合教师岗位特点的人才评价体系。第二，落实“双师能力提升计划”，多渠道提升教师实践能力。支持教师参加国家、行业举办的专业实践技能培训及职（执）业资格考试；按照“师范教育＋企业锻炼”模式，开展新进青年教师培训。第三，专兼结合，补齐专任教师实践能力短板。通过实施《三明学院校外兼职教师聘用与管理办法（试行）》，让行业企业管理专家和能工巧匠走进课堂，参与教育教学实践。

三是产教深度融合，深化和完善应用型教学体系。应用型办学离不开应用型教学体系的有力支撑。第一，重视实践教学体系建设，推广第二课堂“三化”品牌。构建以实验、实习实训和毕业论文（设计）为基础，第二课堂及创新创业教育为延伸的应用型实践教学体系。重视第二课堂的实践价值，鼓励学生通过参加社会实践、科学研究、创新创业、竞赛活动等获取第二课堂学分。第二，重视评价机制和服务创新，强化质量监管。形成促进学生能力达成的多元考核评价方式，对学生学习状况和阶段性学习成果进行多方面、多形式、分阶段考核。加强对毕业论文（设计）选题、开题、答辩等环节的全过程管理，探索毕业论文（设计）多样化，提高毕业论文（设计）质量。构建实践教学质量监控亚体系，推动实践教学质量监控的有效闭环运行，实现实践教学环节全方位质量监控与评价改进，保障应用型人才培养质量。

四是推动教学方式变革，打造立体化多样化应用型教材体系。“一个国家实施什么课程，使用什么教材，反映并决定了这个国家想要培养什么样的人和能够培养什么样的人。”[12]信息时代人们获取知识的途径、手段发生了深刻变革，网络成为当下在校生最为依赖的社交和学习方式。因此，要加快教学方式方法的变革，推动智慧教室、智慧学习工场使用，鼓励开展线上线下混合教学，建设虚拟仿真实验教学中心（项目），探索实施网络化、数字化、智能化、个性化教育，构建“互联网＋高等教育”新形态。为更好满足学生多样化学习需求，促进学生个性化发展，改变以教科书为核心的教材体系，要根据学科特点、应用对象特征、应用环境的实际需求开发建设立体化教材，以满足多样化的教师教与学生学的需求，不断丰富教材资源的多样化形态。

五是试点先行，以点带面，持续深化学校治理体系变革。开展校院两级管理改革试点，推动学校从“校办院”到“院办校”转变，推动学院成为责、权、利统一的办学实体。通过试点和经验总结，进一步完善改革方案，明确改革的主要项目、工作重点和进度安排。加强办学绩效评估，强化年度目标考核的过程化、信息化和智能化管理。借助成果导向教育平台，对教学管理的业务流程进行再思考—系统诊断和再设计—流程重塑再造，对现行的教学管理系统所存在的缺陷或弊端进行校正，从而对教学管理业务流程进行再设计，进而优化完善配套教学管理制度，确保以学生为中心、成果导向和持续改进得以实现。

世界范围新一轮科技革命、产业变革及新经济发展扑面而来，地方本科院校应主动回应新时代的新要求，抓好思想政治工作体系、学科体系、教学体系、教材体系、管理体系建设，提高人才培养能力，提升服务区域经济发展能力。

“12345”发展模式是学校转型进入第二阶段的整体设计，需要在实践中不断总结提升，不断充实丰富，进而形成具有示范意义的改革成果，引领同类院校的转型发展。

参考文献

[1]陈国龙,林素川.深化“四位一体”转型改革构建应用型高校办学体系[J].中国高等教育,2017(22):36-39.

[2]习近平.在北京大学师生座谈会上的讲话[EB/OL].(2018-05-03)[2019-05-11].http://www.xinhuanet.com/2018-05/03/c1122774230.htm.

[3]习近平在全国高校思想政治工作会议上强调:把思想政治工作贯穿教育教学全过程开创我国高等教育事业发展新局面[EB/OL].(2016-12-08)[2019-05-11].http//www.moe.edu.cn/jb-xwth/s052/moe838/201612/t20161208291306.html.

[4]陈方泉,杨辉,叶志明.构建“中国特色”人才培养模式的若干思考——学习习近平新时代中国特色社会主义思想体会[J].中国大学教学,2018(3):4-7.

[5]习近平主持召开学校思想政治理论课教师座谈会强调:用新时代中国特色社会主义思想铸魂育人贯彻党的教育方针落实立德树人根本任务[EB/OL].(2019-03-18)[2019-05-11].http://www.moegov.cn/jyb-xwtb/gzdtgzdv/201903/t20190318373973.html.

[6]杜占元.新时代新使命新作为奋力谱写高校科技工作新篇章[J].中国高等教育,2018(2):14-17.

[7]何海翔.地方高校应主动融入区域文化传承创新[J].中国高等教育,2015(6):56-58.

[8]叶飞帆.产教融合:普通本科高校向应用型转变的目标和路径[J].中国高等教育,2017(22):49-50.

[9]三明学院:应用型人才培养2.0版模式成形[N].三明日报.2017-11-04(A1).

[10]成果导向教育结出累累硕果——金砖会晤服务背后的三明学院创新班[EB/OL].(2017-09-18)[2019-05-11].http://difang.gmw.cn/f/2017-09/18/content2622544.htm.

[11]蒋德勤.着力推进新时代地方应用型大学建设[J].中国高等教育,2018(8):17-20.

[12]曾天山.我国教材建设的实践历程和发展经验[J].课程·教材·教法,2017,37(12):17-23.

产教融合背景下项目驱动创新班的设计与实践*

许明春，张君诚，赖祥亮，邢建宏

摘要：产教深度融合难的主要原因在于教育无法及时响应产业需求，培养业界需要的人才。以业界需求为纽带组建的项目驱动创新班，因其特有的灵活性、实践性、跨界性、过程性、协作性等特点，是深化校企合作的有效载体。实践表明，处理好项目设计、课程安排、学分转换、团队组建、质量管理等关键环节，并辅之以相应的配套制度，项目驱动创新班能有效促进校企共同开发课程，壮大“双师型”教师队伍，拓展第二课堂内容，提高学生实践能力。

关键词：项目驱动创新班；校企合作；人才培养模式

转型发展的地方本科院校视产教融合为提升内涵建设的必由之路，为加速教育链、人才链与产业链、创新链有机衔接，地方本科院校主动对接区域主导产业，组建了专业群、产业学院，以期增加人才培养的适应性。但在具体实践中，由于产业系统与教育系统在运行机制、发展策略、行动准则、改革方式以及主体构成方面有着较大差别[1]，专业群、产业学院建设成效不佳，校企合作不畅。如何有效破解专业群、产业学院建设窘境，深化产教融合，提高人才培养质量，是一个在理论和实践层面都必须解决的问题。各校结合区域特色、产业特点和学校优势，开展了形式多样的尝试，其中以业界需求为纽带组建的项目驱动创新班能够有效促进校企合作，助推产教融合，切实提高学生实践能力。

一、项目驱动创新班的特点

项目驱动创新班是指，在教学计划外，以业界需求为纽带临时组建的教学班级，项目完成班级即解散。项目驱动创新班具有以下几大特点。

（一）组合的非强制性

学生以兴趣爱好为基础，在团队教师的指导下围绕项目内容自行组合。在学习过程中，学生因个人原因也可申请退出项目驱动创新班。

---

* 本文 2020 年 6 月刊于《吉林农业科技学院学报》第 29 卷第 3 期。

(二)内容的实践性

学校和企业共同组建的教学团队、源于业界的实践项目、以解决问题为目标嵌入的课程,这些内在因素确保了项目驱动创新班具有很强的实践属性。

(三)形式的跨界性

项目驱动创新班根据需要吸纳跨专业、跨学院学生参与,跨越了学科专业的界限;项目驱动创新班的项目源于业界并经过教学改造,教学团队由业界人员和学校教师共同组成,跨越了学校和企业的边界。

(四)评价的过程性

在评价上,项目驱动创新班突破原有总结性评价的局限,注重形成性评价、诊断性评价和过程性评价,根据学生参与的积极性、设想的创新性以及最终项目的完成度等给予综合评价[2]。

(五)团队的协作性

由于项目包含的任务涉及不同学科专业知识,个人无法完成整个流程中所有工作任务。因此,项目驱动创新班成员既有明确的分工,又必须进行彼此沟通、角色转换、任务分工、团队协作,分享、协同和竞争意识在项目推进过程中得到培养和锻炼[3]。

二、项目驱动创新班的设计

项目驱动创新班的有效运行必须处理好项目设计、课程安排、学分转换、团队组建以及质量管理五个核心环节,其中项目设计是前提,课程安排是关键,学分转换是核心,团队组建是依托,质量管理是保障。

(一)业界与教学兼顾的项目设计

项目驱动创新班取得实际成效的前提在于项目设计的科学性。项目不是业界需求的简单打包拼凑,而是围绕专业群或产业学院所服务的产业链,将其中某个具体链环上的需求转化为项目[4]。该项目必须包含三个及以上相对完整的工作任务,且三个工作任务之间相互平行不断递进,工作任务与项目之间应高度匹配,确保参与的学生实践能力得到不断提升[5]。通过对项目的选取和创设情境,以达到对前一阶段课程知识、技能传授的总结与升华,项目内容中含有学生从来未遇到的问题,但通过分析和努力又可以得到解决[6]。因此,项目设计的科学性和合理性是项目驱动创新班组建的前置条件,这对教学团队如何将业界需求转化为教学内容提出了很高的挑战。

(二)理论与实践相融合的课程安排

根据项目所包含的工作任务嵌入灵活多样、实践属性强的模块课程,这是项目驱动创新班设计的关键。模块课程的安排须针对具体项目开展调查、访谈分析,在此基础上对涉及的典型工作任务进行归纳整合,并有效转换成具体的课程内容。课程内容要凸显不同职业在工作对象、内容、手段、组织、产品和环境上的六要素特征,实现资讯、决策、计划、实施、检查、评价整个完整的思维训练[5]。课程内容的跨界整合要求,理论与实践的融合需求,教学形式的实践导向诉求,成为高质量课程设计的难点,也是项目驱动创新班有效运行的关键所在。

(三)灵活性和原则性兼具的学分转换机制

项目驱动创新班的开放性决定了参与人员可以涉及不同专业、年级和学院。因此,学分转换指导意见在认定标准、转换原则上应分类设计,按专业类和第二课堂两大类认定[7]。同时,由教学团队成员组建学分转换认定小组,专业类学分认定从严,做到"实质等效";第二课堂类以鼓励为主,激发学生学习动力。因此,学分转换的灵活性和原则性二者必须兼顾,不可偏废。

(四)校企混编的应用型教学团队组建

实践性和跨界性决定了项目驱动创新班离不开学校和业界共同组建的教学团队。团队成员既包括专业水平高、理论功底扎实的校内教师,又包括实践经验丰富、操作能力强的业界人员。因此,学校要制定应用型教学团队建设管理办法、校外兼职教师管理办法,明确业界教师的责权利,确保校企混编、专兼结合的应用型教学团队能够有效支撑项目驱动创新班的运行。

(五)与项目特点相匹配的质量管理

项目驱动创新班属于教学计划外因应需求组建的临时教学组织,这必然涉及学分转换、教学质量监控以及有关教学档案管理。因此,必须根据项目特点和实施周期制定相应的质量管理规定。学校层面应制定好《项目驱动创新班建设与管理办法》《项目驱动创新班学分转换指导意见》等文件,为项目驱动创新班提供良好的运行环境。学院层面应细化学校相关政策,结合项目特点分别制定相应管理办法,包含学生遴选、退出机制、教学过程管理、教学档案留存以及质量监控。

三、项目驱动创新班实践成效

面对经济新常态对人才培养提出的新要求,学校在转型发展实践中摸索并总结出专业群、产业学院、项目驱动创新班和应用型教学团队"四位一体"的应用型人才培养模式。为使该模式从试点走向全面落地,学校制定了《三明学院关于深化专业群、产业学院、项目驱动创新班和应用型教学团队"四位一体"人才培养模式改革的实施意见》《三明学院项目驱动创新班建设与管理办法》等一系列配套制度。在资源化工、智能制造等8个专业群和威斯特环保产业学院、数字创意产业学院等9个产业学院的基础上,依托校企混编教学团队组建了"闽光学院智能装备""设计服务三农""欧瑞园绿色食品"等23个项目驱动创新班,在实践中取得了较好的成效。

(一)课程开发稳步推进

校企联合开发课程是协同育人的直接表现。以“欧瑞园绿色食品”项目驱动创新班为例,该创新班主要依托资源与化工专业群以及福建欧瑞园食品有限公司,围绕“食品真空冷冻干燥及冷风干燥深加工”,安排了7门校企共同开发的课程(表1)以及相应的实践内容,涵盖了企业绿色食品生产工艺、产品营销、企业文化等多方面内容。这些课程内容不仅具有鲜明的企业特色,又能满足教学需求,为学生全面了解企业产品开发、加工流程、销售策略等奠定了基础。暑假,项目驱动创新班学员到福建欧瑞园食品有限公司参加为期两周的生产实践,在真实生产环境下感受、深化课程内容。

表1 “欧瑞园绿色食品”项目驱动创新班课程一览

序号	课程名称	学分	学时	课程能力定位	考核方式
1	食品加工工艺学	1	16	研究食品加工中的原材料、加工工艺、工艺参数、产品质量控制,生产和贮运的技术,实现生产合理化、科学化。	课堂讨论与现场测试
2	冻干食品开发进展	1	16	熟悉冻干食品的主要原理和优点,了解冻干食品开发现状	课堂讨论
3	食品质量控制	1	16	了解食品行业品控(quality control,QC)检测的主要指标和方法,以及冻干食品QC的检测内容	现场测试与实践操作
4	食品机械学	1	16	了解食品机械的主要种类、原理和在冻干食品中的应用	现场测试与实践操作
5	产品设计在食品工业中应用	1	16	熟练掌握食品行业中所需要的产品设计方法,能将产品设计的一般原理与食品生成结合	项目设计
6	商务礼仪与企业文化	1	16	掌握仪表礼仪、言谈举止、书信来往、电话沟通等技巧,熟悉办公礼仪、宴会礼仪、迎宾礼仪等基本要求	课堂讨论与现场测试
7	食品营销策略	1	16	了解食品行业特点和营销策略,熟悉营销策划案的制作步骤	项目设计
合计		7	112		

(二)“双师型”教师队伍得到壮大

项目驱动创新班有力推动了“双师型”教师队伍的建设。学校修订完善了《校外兼职教师聘用与管理办法(试行)》《加强中青年教师实践能力培养暂行办法》《“一课双师”实施方案》等文件,推进企业人员和教师双向交流,建立企业人员到学校兼职和教师到企业锻炼的常态化机制。现有外聘业界教师近200人,“双师型”教师队伍比例超过50%。根据项目驱动创新班建设的需要,学校组建了“化工与新材料教学团队”“服装与服饰设计教学团队”“绿色结构设计教学团队”等18支应用型教学团队,有力支撑了项目驱动创新班的运行,其中“ICT专业群应用型教学团队”“数字创意及衍生产品创新设计应用型教学团队”“机械设计制造及其自动化专业应用型教学团队”“资源与化工基础实验课程群教学团队”入选省级教学团队。

（三）第二课堂内容得到拓展

项目驱动创新班极大拓展了学校“学分化”“课程化”“项目化”第二课堂的内容，尤其是各项目驱动创新班结合项目特点制定了学分转换办法，确保项目驱动创新班学员根据自己兴趣爱好学习的成果可以得到相应认可。例如，“法律事务创新班”学员涵盖了旅游管理与服务教育、贸易经济、机械设计制造及其自动化、材料化学、资源环境科学等不同专业，创新班设计了“职业素养”“办公软件运用”“法学概论”等9门课程，这些课程学习和实践后的成绩可纳入各专业第二课堂学分管理系统，极大拓展和丰富了第二课堂内容。

（四）学生实践能力得到提升

项目驱动创新班能够有效提升学生的动手能力。“闽光学院智能装备”项目驱动创新班因应福建三钢闽光股份有限公司智能化无人值守切割系统升级而成立，依托机械设计制造及其自动化、电子科学与技术、电子信息工程等6个专业参与的学生，设计研发基于机器视觉自动砂轮片在线更换系统。整个项目涉及大量原创机械结构的设计和优化，以及设备制造和安装、电气及动力源安装等。在校企混编教学团队的指导下，项目驱动创新班学生参与该设备的设计和优化，包括非标件设计和加工，标准件的选择，机械系统、机器视觉系统、电控系统等的设计、安装与调试。又如，“触控科技”项目驱动创新班通过项目体验、课程植入等方式，提高学生实践能力。学生作品获第十一届“中国大学生计算机设计大赛”全国决赛二等奖、第十届厦门国际动漫节金海豚游戏开发大赛一等奖等各类奖项。

综上所述，项目驱动创新班能有效提高学生实践能力，深化校企合作，助推产教融合。因地区产业差别、运行管理模式的不同和政策支持的差异，项目驱动创新班的运行与管理也各不相同，但项目设计、课程安排、学分转换、团队组建、质量管理等关键环节是项目驱动创新班有效运行的基础。

参考文献

[1]庄西真.产教融合的内在矛盾与解决策略[J].中国高教研究，2018(9)：81-86.

[2]王琼，盛德策，陈雪梅.项目驱动下的大学生创新创业教育[J].实验技术与管理，2013，30(6)：99-101.

[3]王贵鑫，昝乡镇.基于团队协作的项目驱动教学模式实践[J].实验技术与管理，2018，35(5)：205-207.

[4]黄海燕，杨福源，魏长征.项目导向式的校企合作专业实践教育模式探索[J].实验技术与管理，2015，32(9)：37-39.

[5]姜大源.论高等职业教育课程的系统化设计——关于工作过程系统化课程开发的解读[J].中国高教研究，2009(4)：66-70.

[6]徐肇杰.任务驱动教学法与项目教学法之比较[J].教育与职业，2008(4)：36-37.

[7]孙作俤.高校创新创业教育改革途径及其学分转换机制研究[J].宁德师范学院学报(哲学社会科学版)，2016(4)：121-123.

应用型本科专业实践教学体系构建研究
——以三明学院贸易经济专业为例*

钟卫华,黄文义

摘要:应用型本科专业实践教学体系构建包括人才培养方案制订、实践教学平台和双师型教师队伍建设三个方面。以三明学院贸易经济专业为例,通过分析应用型本科专业实践教学体系构建存在的相关问题,得出实践教学的落实情况,应用型本科的办学理念既要得到教师的认同,又要处理好人才培养目标与学校短期利益冲突,协调好学校与企业的利益分配关系。

关键词:应用型本科专业;实践教学体系;产业学院;项目创新班

一、引　言

2015 年,教育部、国家发展改革委、财政部共同发布了《关于引导部分地方普通本科高校向应用型转变的指导意见》(以下简称《意见》),《意见》指出:当前我国已经建成了世界上最大规模的高等教育体系,为现代化建设作出了巨大贡献。但我国高等教育结构性矛盾突出,同质化倾向严重,生产服务一线紧缺的应用型、复合型、创新型人才培养机制尚未完全建立,人才培养结构和质量尚不适应经济结构调整和产业升级的要求。[1] 所以需引导地方普通本科高校向应用型转变,以培养更多适应社会需求的应用型、复合型人才。2019 年,国务院又印发了《国家职业教育改革实施方案》,该方案指出:随着我国进入新的发展阶段,产业升级和经济结构调整不断加快,各行各业对技术技能人才的需求越来越紧迫,职业教育重要地位和作用越来越凸显,并提出到 2022 年,一大批普通本科高等学校向应用型转变。[2] 应用型本科专业和学术型本科专业的一个重要区别在于,前者比后者更加重视学生的技能训练和动手能力培养。本文以三明学院贸易经济专业为例,分析应用型本科专业如何构建实践教学体系。

二、应用型本科专业内涵

目前国内对什么是应用型本科专业,还未给出明确的定义。依据我国学位授予情况,应用型本科对应的应是专业型学士学位,学术型本科对应的应是学术型学士学位。根据

---

* 本文 2021 年 2 月刊于《天津中德应用技术大学学报》第 1 期。

国务院学位委员会第二十七次会议审议通过的《硕士、博士专业学位设置与授权审核办法》,第二条对专业学位的界定是"专业学位是针对社会特定职业领域的需要,培养具有较强的专业能力和职业素养、能够创造性地从事实际工作的高层次应用型专门人才而设置的一种学位类型"[3],并在《硕士、博士专业学位研究生教育发展总体方案》中指出"专业学位具有相对独立的教育模式,具有特定的职业指向性,是职业性与学术性的高度统一"[3]。目前我国专业学位形成了本科、硕士、博士三级结构。这三级专业学位中硕士占主体,共有金融等40个专业,博士共有教育学等6个专业,学士只有建筑学1个专业。借鉴专业学位的界定,应用型本科专业应具有应用型和职业指向性这一特征。

国际上,根据联合国教科文组织对教育标准分类(1997版)本科对应为5级教育,5级教育分为5A和5B两类,5A为理论型,理论型又细分5A1(理论型/为研究做准备的课程),5A2(从事高技术要求职业课程),5B为专业型(实用/技术的/具体的职业课程),如图1所示。[4]

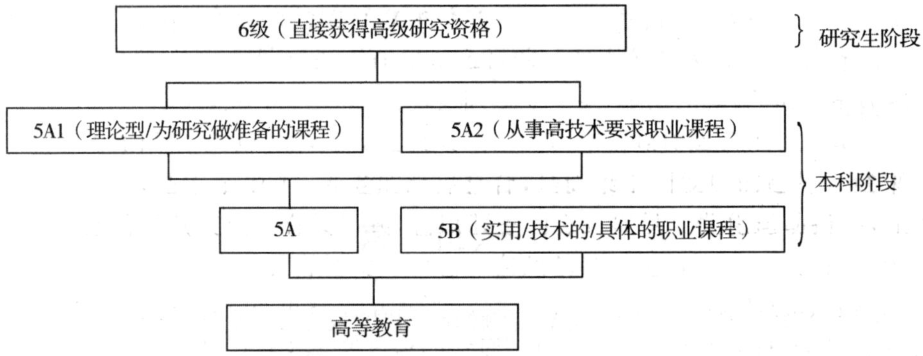

图1 联合国教科文组织关于高等教育国际标准分类(1997版)

2011年修订的版本则把高等教育对应的本科教育定义为6级,6级细分为64(学术课程定向)、65(专业课程定向)、66(定向未明,主要用来对国际学士课程学术、专业未达成一致意见情况),如图2所示。[5]从联合国教科文组织对教育标准分类看,不论是1997版还是2011版都有专业型(应用型)这样的分类,而且从教育等级角度都归为学士或同等层次的,也就是属于本科层次的教育,只是属于本科教育的不同分类而已,对应的就是目前我国倡导的应用技术型本科,学士专业学位。

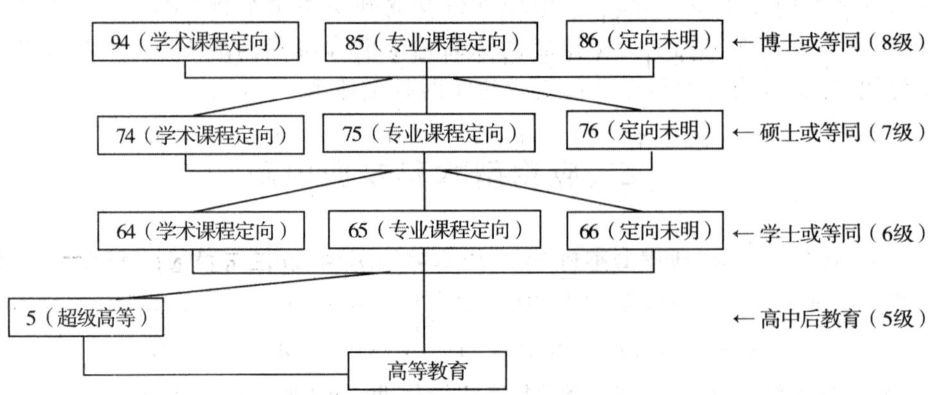

图2 联合国教科文组织关于高等教育国际标准分类(2011版)

综合联合国教科文组织教育的分类标准、我国《硕士、博士专业学位设置与授权审核办法》《关于引导部分地方普通本科高校向应用型转变的指导意见》《国家职业教育改革实施方案》中强调的内容，应用型本科专业是指培养具有一定理论基础面向社会特定职业的高层次应用技术技能型人才的专业。根据这一定义，应用型本科专业和学术型本科专业有共性，又有区别。相同点在于有共同的专业理论基础，不同点在于培养目标的侧重点不同，学术型本科专业更注重理论的扎实、系统、完备，为将来从事科学研究打下基础；而应用型本科专业则是在掌握一定理论的基础上，更加重视技术技能和动手能力。应用型本科专业和专科也有共性，又有区别。相同点在于两者都强调技术技能和动手能力，不同点在于前者除了技术技能，还要求具备一定的专业理论基础。所以，应用型本科专业要求在掌握一定理论基础上更强调应用和技术技能，强调学生动手能力。要实现这一人才目标，必须要有完善的实践教学体系来支撑。

三、应用型本科专业实践教学体系构建

应用型本科专业实践教学体系的构建包括人才培养方案制订、实践教学平台和双师型教师队伍建设三方面。人才培养方案是实践教学的蓝图，实施实践教学的依据；实践教学平台建设是实践教学开展的硬件条件；而双师型教师队伍建设是实施实践教学的主体性因素。

（一）按照“343”人才培养模式制订培养方案和确定课程体系

人才培养方案是贯彻国家人才培养要求，实现人才培养目标，开展教学活动和安排布置教学任务的规范性文件，实践教学的开展必须依据培养方案来展开。所以，《意见》中强调要“深化人才培养方案和课程体系改革。以社会经济发展和产业技术进步驱动课程改革，整合相关的专业基础课、主干课、核心课、专业技能应用和实验实践课，更加专注培养学习者的技术技能和创新创业能力”[1]。培养方案的制订是至关重要的。

三明学院是较早启动地方普通本科高校向应用型转变的高校，参与了 2014 年《驻马店共识》的发布，并形成了三明学院“343”人才培养模式①。根据这一人才培养模式，培养方案和课程体系的设计注重学生的技术技能和创新能力培养，整合相关专业基础课、主干课和核心课，保证理论够用的前提下，提升实践运用能力。以贸易经济专业为例，对“微积分”“微观经济学”“宏观经济学”等经济学门类专业基础理论课程的教学时数进行压缩，见表 1，多出的课时用来增加对接内外贸行业需要的如“会计学实务”“国际贸易实务”“外贸函电”“跨境电商实务”“零售管理实务”“连锁门店运营与管理实务”等这些实务课程的学时数或其他实践环节，体现课程体系与职业能力结合的基本原则。

① “343”应用型人才培养模式是指顶层设计“3 结合”，即专业设置与产业需求结合、课程体系与职业能力结合、学习过程与产业实践结合；教学过程“4 抓手”，即以实务为抓手促进教学内容改革、以职业能力为抓手促进实践教学改革、以各类地图为抓手促进学生有效学习、以多样评价为抓手促进考核方式改革；第二课堂“3 转变”，即活动内容向项目化转变、活动要求向课程化转变、成果认定向学分化转变。

同时对接地方产业需要开设“林产品贸易”，满足本地零售行业对生鲜产业人才的需求，开设“生鲜运营与管理”，体现了专业设置与产业需求、与地方经济结合的原则，这些课程有大量的实际操作和动手能力要求，需要大量的实践环节给予支撑。

表 1 三明学院贸易经济专业经济学基础课程与一般学术型定位专业的学分比较

课　程	应用型本科专业	学术本科专业
微积分	3	8
线性代数	2	4
概论与数理统计	2	4
政治经济学	3	3
微观经济学	2	3
宏观经济学	2	3
财政学	2	3
金融学	2	3
计量经济学	3	3
会计学	2	3
统计学	2	3
合计	25	40

另外，培养方案借鉴台湾应用技术型大学的成功经验，采用成果导向进行设计。学校人才培养目标的核心能力分解为专业知能、实务技能、应用创新、协作整合、社会责任五大核心指标。各专业依据学校的核心能力指标制定具体的专业核心能力指标，这些核心指标又通过课程矩阵落实到每一门课程，不同的课程需要完成的权重指标不同，对无助于形成核心能力指标的课程进行调整。五大核心能力指标中实务技能占 35%，见表 2。实务技能核心能力的培养需要大量的实践教学配合完成。同时培养方案设计了大量如第二课堂这样独立的实践环节，要求学生至少获得两本以上与专业相关的资格证书。整个培养方案需要通过实践教学完成的学分占总学分的 35%左右。

表 2 三明学院贸易经济专业人才培养核心能力指标

核心能力	能力指标	分值权重
A 专业知能	A1 掌握经济学的基础知识和基本研究方法；贸易经济专业的基础理论、基本知识和基本技能；必需的数学、外语、信息检索及处理等相关知识	20
	A2 具备自我学习和知识更新、持续发展的能力	10
B 实务技能	B1 具备从事经济与贸易工作所需的专业实务技术	20
	B2 具备运用经济学理论、贸易理论分析、解释经济现象能力	15
C 应用创新	C1 具有发现、分析流通领域存在的问题及解决问题的能力	5
	C2 在流通领域具备创新或创业能力	10

续表

核心能力	能力指标	分值权重
D协作整合	D1具有良好的商务沟通、协作能力	5
	D2具有跨领域统筹、跨文化交流的能力	5
E社会责任	E1具备良好人文精神和职业素养	5
	E2具备绿色贸易的理念与实践	5

（二）构建模拟与真实商业环境并举的实践教学平台系统

培养方案制定的人才培养目标的实现，要靠具体的教学环节，实践教学也是如此。实践教学任务的完成需要依托实践教学平台来进行，所以《意见》强调要“引进企业科研、生产基地，建立校企一体、产学研一体的大型实验实训实习中心”[1]。实践教学平台包括两类：一类是仿真商业模拟实践平台，另一类是真实商业环境实践平台。

1.仿真商业模拟实践平台建设

三明学院在向应用型高校转变的过程中把具有关联性强的专业组建成专业群，在此基础上与行业对接建立产业学院，依托产业学院共同建设大型实验仿真中心。贸易经济、商务英语、市场营销、物流管理有较多的共性与交叉，所以这些关联专业共同组建成商贸物流群专业，然后与中东控股集团有限公司共建中东商业学院。依托商学院建立Simtrade外贸实训、SimForwarder货代外贸平台，综合财务会计投资理财实训平台，仓储物流、港口物流、国际物流实验室平台，电子商务实训室，市场营销综合实训室，新道虚拟商业社会环境VBSE跨专业综合实践教学等仿真实训平台。

2.真实商业环境实践平台建设

模拟仿真虽然能够最大限度地接近真实行业场景，锻炼学生的动手能力，但和真实的商业环境还是有差别的，因此在模拟仿真的基础上创造真实商业环境，让学生参与真实的商业运营操作，对培养学生的实际技能具有非常重要的作用。以贸易经济专业为例：首先，成立由学生实际运营的商业实体，购买与实习单位一样的思迅eShop 5.0软件系统，同时依据实际商超标准配备相关硬件设施，由商贸协会注册成立大学生创新创业孵化公司。经过协调，在大学生创业空间申请入驻开展真实线上线下零售业务活动，由教师监督，学生独立经营，全流程熟悉线上线下零售过程的各个环节及连锁店铺加盟管理的实践。其次，创造条件让学生参与真实商业实践锻炼。在地方政府的支持下，市政府成立电商产业园，交由学校管理与运营，依托电商产业园，商贸物流群专业的学生直接介入电商服务。每年的6.18和双11停课一周，让学生参与到网络购物服务中去，为品牌商提供线上购物客服服务，处理电商交易过程中遇到的相关问题。再次，建立实习基地。根据人才培养目标和需要达到的核心能力指标，选择与学生专业就业关联度高的单位建立实践基地，同时还要考虑企业的管理水平、企业文化、规模、区域、效益、校企合作情况，能够为实习生提供实习相关岗位以及企业导师水平等方方面面的因素。一般选择区位好、规模比较大、管理规范、有自身独特的企业文化、有规范的实习生管理制度、导师业务强、有社会责任感、愿意和学校一起努力为社会培养人才的企业作为实习基地。最后,学期安排两周到企业见习和第七学期安排8～12周到企业实习。

(三)通过内培和共建产业学院、创新班来解决"双师型"师资问题

应用型本科专业实践教学的落实最关键在于师资队伍建设。《意见》特别强调"'双师双能型'教师队伍建设",并给出了指导性意见:一是要积极引进行业公认专才等作为专业建设带头人、担任专兼职教师;二是有计划地选送教师到企业接受培训、挂职工作和实践锻炼两个方面来解决应用型本科专业实践教学的师资队伍问题。同时要通过改革教师聘任制度和评价办法来增强教师提高实践能力的主动性、积极性。

引进有行业经验的教师初始效果不错,但随着时间推移,从行业引进的教师离开了行业,慢慢地离行业也越来越远,最终退化为和一般高校的理论型教师没有太大的区别。行业兼职教师则由于考核机制及岗位工作时空受限存在制约性。因此,三明学院"双师型"师资队伍建设以内培为主并采用共建产业学院和项目创新班来加以解决。

1.制定政策引导青年教师定期到企业挂职锻炼和参加培训

三明学院规定申报讲师或副教授职称45周岁以下的人员在现职称期内必须累计具有6个月以上或脱产3个月以上的本专业社会实践、企业挂职锻炼经验作为前置条件。根据这一要求,年轻教师自己会主动要求到专业对口企业去挂职锻炼,了解自己所教课程的企业实际运作情况,以便在教学过程中更好地完成实践教学任务。同时任课教师须介入自己课程的实验(实训)室建设并参加实验(实训)室中标企业的业务培训,熟悉整个实验(实训)软硬件的设备的操作。鼓励教师带领学生参加各种实战性的职业技能大赛和创新创业大赛,鼓励教师获得各种和课程相关的职业资格证书。

2.共建产业学院、项目创新班解决师资问题

为了从根本上解决从行业引进专兼职教师问题,三明学院探索了共建产业学院和共办项目创新班。一是通过与行业共建非实体的产业学院。产业学院由与专业紧密相关的一个或多个企业参与共建,实操性课程由企业派出教师担任,企业把给产业学院学生上课作为企业的任务之一,企业获得相应的利润及优先招聘企业需要的人才,行业教师获得相应报酬,变企业人员到校上课的兼职行为转化为其岗位本职工作行为,解决行业职工私下到学校兼课引发的各种矛盾,保证了行业教师的稳定性、教学内容与行业的同步性。二是与企业共办项目式创新班。不同时期企业对人才的需求不同,变动性大,教育又有滞后性,根据这一矛盾,三明学院创造性地在高年级实施创新班项目。到高年级时根据企业的人才需要,从不同专业选拔学生组成短期教学班,时间长短、课程设置以及授课模式由企业负责,学校负责组织学生和班级管理,创新班授课时间安排在正常教学时间之外,不打乱正常的教学秩序。创新班课程结束后,参加学习的学生考核合格发给结业证书,学生可直接进入企业就业,如由贸易经济专业与福建满堂煌有限责任公司共办的"跨境电商"创新班,与福建淳百味餐饮发展有限公司共办的"连锁事业管理"创新班。共建产业学院和高年级创新班项目较好地解决了行业师资问题。

四、应用型本科专业实践教学需进一步解决的问题

(一)办学理念需得到教师认同

教师是学校办学的主体,办学理念的具体落实要依赖广大教职工的具体工作来加

以实现，特别是教师的教学活动来实现。所以，学校的办学理念只有得到教师的认同，教师才会在实际教学工作过程中自觉把这种理念转化为实际行动。目前一般本科，特别是地方新建本科院校向应用型本科转变的理念在领导层面已基本得到普遍的认同，但在教师层面还存在不同步性的情况。很多教师认为都是本科层次的教育，教学方式和内容大同小异，只是水平不同而已，传播知识的方式变化不大，而且现在很多地方本科院校都是从早期的师范高等专科学校等专科学校合并升格而来，重理论轻实践教学更为严重。对于应用技能型人才如何培养，没有主动思考，实施实践、实训教学的动力不足，最终影响人才培养方案的落实和应用型本科专业实践教学任务的完成。因此，只有一般本科院校必须向应用型本科院校转型、培养适应地方经济社会发展的应用技能型人才，才能在激烈的高等教育竞争中生存下去这一办学理念得到广大教师的普遍认同，才会在教学过程中重视实践、实训教学，实践教学任务才得到较好落实。

（二）协调好人才培养目标与短期利益冲突问题

应用型本科院校人才培养目标是培养社会需要的应用技能型人才，这是应用型本科院校存在的价值。人才培养目标确定以后，学校的一切工作应围绕人才培养目标展开。学校是一个半封闭的小社会，在这个半封闭的小社会中需要有许多服务来加以配套，这些社会服务也是培养应用技能型人才的一个重要途径。以三明学院贸易经济专业为例，该专业主要是培养能在商贸企事业单位从事商贸经营和管理工作的应用技能型人才，为了实现这一目标，我们购买了一套和大型商业超市一样的运营管理系统，并建立了可实际运营的商业实训超市，但这一实训超市因和学校的现实商业外包项目发生利益冲突以及领导担心的经济问题而运行困难。还有一些行业组织比赛项目对应用技能型人才培养具有重要作用，但因其比赛没被纳入院校排名考察因子，不能给学校排名带来好处，因而得不到支持，如由中国贸易促进会商业行业分会主办的全国商业精英挑战赛国际贸易竞赛这一赛事，参加比赛的队伍要涵盖赞助商选择并提供参赛费用、理论考试、商业文本策划、实地展台设计布展、产品发布、商贸配对谈判等环节，对经贸类学生将来从事外贸工作应该说是一个全流程锻炼，能够很好提升学生的外贸技能。但在比赛过程中取得成绩及教师为比赛付出的劳动不能得到学校的认可，教师对比赛的指导也失去了积极性。因此，落实应用型本科专业的实践教学需要进一步做好制度设计，需要学校管理工作服从人才培养目标的实现，需要我们的领导更加负责和勇于担当，解决好人才培养目标与短期利益冲突的问题。

（三）要协调好学校与企业的利益分配关系

共建产业学院和项目创新班是应用型人才培养一个非常好的机制。早在2014年12月教育部就与中兴通讯合作启动了“教育部-中兴通讯ICT产教融合创新基地”项目，由企业派出教师，并提供实验或实训设备，与学校共同办学培养应用型人才，取得了比较好的效果。但企业与学校合作办学需要分享学费收益，如何协调学校与企业的利益分配关系到产业学院这种应用型人才模式能否延续。而机制更灵活的项目创新班，企业虽然不需要分成学费，但其目的是希望通过举办这一形式灵活的创新班项目，吸纳企业所需要的人才。但项目创新班不是订单班，很多参加项目创新班的同学获得结业证后，最终没有加盟到办学企业，这会对企业造成一定的损失，会影响到项目创新班的可持续性。因此，需要进一步完善相关机制，让举办项目创新班的企业尽可能获得人才收益回报，又给学生更多的选择权。

总之，地方本科院校向应用型本科转变是一个大趋势，随着学校转型，学术型的本科专业也必然向应用型的本科专业转型，专业转型能否成功，关键在实践教学环节是否能够得到落实，所以实践教学体系的构建与实施极其重要。

参考文献

[1]教育部、国家发展改革委、财政部关于引导部分地方普通本科高校向应用型转变的指导意见[EB/OL].(2016-10-26)[2020-08-14].https://www.doc88.com/p-9823158969069.html.

[2]国务院印发《国家职业教育改革实施方案》[EB/OL].(2019-01-24)[2020-08-14].https://zhuanlan.zhihu.com/p/76918397.

[3]关于印发《硕士、博士专业学位研究生教育发展总体方案》、《硕士、博士专业学位设置与授权审核办法》的通知[EB/OL].(2010-11-26)[2020-08-14].http://www.cdgdc.edu.cn/xwyyjsjyxx/gjjl/zcwj/268313.shtml?NSNDX=0.

[4]严雪怡，杨金土，孟广平.联合国教科文组织国际教育标准分类(ISCED)[J].机械职业教育，1997(10):41-45.

[5]International Standard Classification of Education ISCED 2011 [EB/OL].(2018-03-28)[2020-08-14].http://uis.unesco.org/sites/default/files/documents/international-standard-classification-of-education-isced-2011-en.pdf.

基于能力培养的旅游本科专业实践教学改革研究
——以三明学院为例

林　静，陈　星，陈　圆

摘要：在旅游大发展、文旅融合以及供给侧结构性改革背景下，市场对旅游人才从量到质都有了更高的要求。然而，旅游本科毕业生的行业就业率持续低迷，旅游本科办学遭遇新的困境。旅游行业人才需求量大与招生生源少的矛盾，旅游企业对人才要求高与行业准入门槛低的矛盾，学生就业期望高与实践教学目标达成度低的矛盾成为造成旅游本科办学困境的主要原因。为此，要构建基于能力分层导向的“双轨”实践教学体系设计，落实“产教融合”、优化实践教学理念和内容，与产业发展同步，优化实践教学手段，紧跟科技进步。

关键词：职业能力；旅游本科；专业实践教学改革

近年来，我国旅游业以每年超10%的速度跨越式发展，而行业所需人才（特别是高级应用型管理人才）严重匮乏。同时，“全域旅游”和“文旅融合”也对旅游人才能力素质结构及培养提出新的要求。高等教育要用“超前识变、积极应变、主动求变”的思想，主动应对经济社会发展带来的人才需求变化。地方应用型本科高校，要融入地方产业，成为培养服务地方经济发展的应用型人才的高质量本科大学。实践教学因其具有真实、时效、实用等特征，在教学中承担着专业知识转化和职业能力培养的重要作用，成为各高校向应用型转化的重要抓手。

一、旅游本科专业实践教学研究综述

2014年，国家正式提出加强应用型人才培养，应用型本科院校愈加重视实践教学改革研究。研究者们分别从实践教学体系、实践课程建设、评价指标构建、实习过程管理与监控等方面对实践教学展开研究，取得了一定成果。例如，孟丽引入学习周期理论，设计阶梯式的实践教学框架，建设层次化校企合作平台，构建宽口径立体化的实践教学体系。[1]冯小霞探讨了“双一流”建设视角下构建校外质量监控体系的必要性以及校外实践质量监控体系的构成和职能分工。[2]孙梦阳等遵循“政、产、学、研、用”协同创新的理念，提出旅游管理专业“1234”综合性实践教学模式，构建“两线六翼”的实践教学支撑平台。[3]刘霞基于职业能力本位提出旅游管理本科实践教学体系构建建议。[4]张侨和盛颐分析了旅游管理专业“四层次、四模块、四平台”实践教学体系的内涵，提出“六化”在内的旅游管理类专业实践教学体系构建模式。[5]谭丹从学时安排、内容优化、课程革新以及教学连贯性等方面探讨旅游管理专业实践教学课程体系的创新。[6]侯兵和姜继红将实践教学体系划分为住宿业服务与管理、旅游景区管理实践、旅行社管理与导游实践、旅游项目策划与旅游地规划四部分，分认知、教学、实习和管理四个过程，形成了完整的实践教学内容。[7]余勇通过实证研究构建了旅游管理本科专业校外实习基地实践教学指标体系，分析了不同类型实习基地的实践教学特点。[8]谢朝武和陈岩英建构了校外主题型实践教学的工作流程。[9]王淑娟提出构建全方位、立体化实践教学体系以及“三对接”的实践教学现实途径。[10]邝金丽对国内旅游管理专业本科实践教学的相关论述进行了梳理和研究。[11]郑向敏和范向丽在分析我国目前旅游专业人才供需现状以及旅游专业人才培养模式存在问题的基础上，提出高比例的行业就业率、高行业停留率、高职位、高行业发展率的“四高”人才培养理念及其运作模式。[12]研究者们多从学校管理与教学系统层面考虑实践教学体系模式的构建与改革，目标清晰并采取了相应的解决对策，但学生职业能力培养效果不明显，人才培养供给侧和产业需求侧“两张皮”问题依然存在。

二、旅游本科专业办学困境

(一)旅游行业人才需求量大与招生生源少的矛盾

中国旅游业作为新兴的现代服务业发展迅速，人才需求缺口大，行业对人才的能力需求综合化、多元化。然而，各高校旅游专业生源年年紧缩，招生形势日益严峻。一方面，人们对旅游业的人才能力存在认知误区与偏见，“矮化”旅游、“曲解”服务，对旅游专业认可度低；另一方面，因欠缺对旅游的专业认知，高校旅游本科专业的第一志愿报考率低，调剂生占比高。

(二)旅游企业对人才要求高与行业准入门槛低的矛盾

从一般意义上说，旅游企业或需要技能娴熟、专业规范、善于沟通的基础服务型人才；或需要管理有度、组织有力、运营有方的中高端管理型人才；或需要创造力强、具实战力，眼光独到的规划/策划型人才，对人才素质要求较高。然而，人员短缺的现实问题迫使旅游企业不得不降低行业准入门槛，许多企业基层从业人员学历与学习能力“双低”现象突出。

(三)学生就业期望高与实践教学目标达成度低的矛盾

旅游本科专业的培养目标是为旅游行业培养应用型、复合型中高级管理人才，学生的就业期望值较高。然而，由于高校的实践教学高阶性内容不足，缺乏对学生解决复杂问题的综合能力和高级思维能力的培养，学生服务意识、意志力、沟通力、协作力、情绪管理能力等职业能力不足，无法得到用人单位的认可。学生实际职业能力与期望就业岗位的不匹配，恰恰在一定层面上反映出高校实践教学目标的低达成度。

三、三明学院旅游本科专业实践教学改革的思路、成效与思考

(一)思路：基于能力分层的“双轨”实践教学体系设计

三明学院是地方性应用型本科院校，旨在培养有理论、懂实务、会分析、善管理、能

创业、会培训的高素质复合型应用人才。旅游专业以"创新创业意识为先导、实务技能为基础、运营管理能力为核心"的培养理念，要求学生在校学习时首先要完成服务型人才、技能型人才的学习与训练，具备职业所需的知识、技能、经验、态度等综合素质，进而发展为运营管理人才。为此，三明学院经济与管理学院旅游专业在实践教学体系设计中，尊重学生认知规律，构建了能力培养分层模型，并在此基础上对课程顺序、学分设置、学时安排反复推敲，构建出基于能力分层的"双轨"实践教学体系。具体而言，该体系包含课程实践教学体系和校外实践教学体系两部分。前者是以案例化教学、项目化教学为抓手的专业课程实践教学体系；后者采用"嵌入式的3+1"模式，即本科学生第一学期有为期一周的认知型见习，第三学期的"黄金周"到景区进行为期三周的景区导游实习，第五学期到高星级酒店进行为期六个月的蹲点式专业研习，第八学期进行管理岗位实习。"双轨"实践教学体系将能力培养与职业素养培养贯穿大学学习全过程，使理论教学与实践教学相融合(具体见表1)。

表1　基于能力分层的"双轨"实践教学体系

<table>
<tr><th colspan="2">能力分层</th><th>课程实践教学体系</th><th>校外实践教学体系</th><th>职业素质</th></tr>
<tr><td rowspan="3">服务操作能力</td><td>技能操作能力</td><td>"客房、前厅运营与管理""餐饮运营与管理""导游实务"</td><td rowspan="3">景区见习、酒店顶岗实习</td><td rowspan="3">服务意识、表达能力、意志力、沟通协作能力</td></tr>
<tr><td>服务态度能力</td><td>"旅游服务礼仪与训练"</td></tr>
<tr><td>服务素养能力</td><td>"旅游美学""园林景观设计赏析"</td></tr>
<tr><td rowspan="3">运营管理能力</td><td>创新应用能力</td><td>"旅游规划与策划""饮食文化与餐饮设计""旅游市场营销""概率论与数理统计"</td><td rowspan="2">学年论文、毕业设计/论文</td><td>资源整合能力、表达能力、创新意识</td></tr>
<tr><td>人员培训能力</td><td>"旅游教学方法论""教育学""心理学"</td><td>表达能力、创新意识</td></tr>
<tr><td>服务管理能力</td><td>"旅游企业人力资源管理""消费者行为学""酒店督导""乡村旅游运营管理""国家公园旅游设计与管理""旅游连锁事业管理""酒店客户管理""企业领导科学"</td><td>毕业实习</td><td>沟通能力、协作整合、社会责任</td></tr>
</table>

(二)成效：体系逐步形成、行业就业率提升

三明学院经济与管理学院旅游本科专业始终强调理论与实践并重。在人才培养方案中，实践教学学分占比高达39%；通过项目化、创新班、专业协会等第二课堂活动，不断推进实践教学改革，能力导向的实践教学体系逐步形成；毕业生在旅游行业的就业率高出全国平均值15个百分点以上，且呈逐年增长趋势，企业及学生的满意度均较高。

第一，实践教学系统化逐步形成。优越的实践教学体系对应用型人才培养的意义不言自明。学生、企业、学校是相互影响的三位一体的关系：学生是受教育的主体；学校是实施教育的主体；企业既是人才的鉴定者又是教育的参与者，具有双重身份。学校与企业在产教融合中通过体制机制向黑箱投入能量流、信息流(图1)。只有打开黑箱，读

解当代学情，重构知识、能力的转化过程，实践教学才能得以顺利进展，培养的学生才能让企业满意；学生自身也会满意，同时得到家长的认可，进而影响学校的办学品牌，获得更多优质生源，形成“三赢”局面。

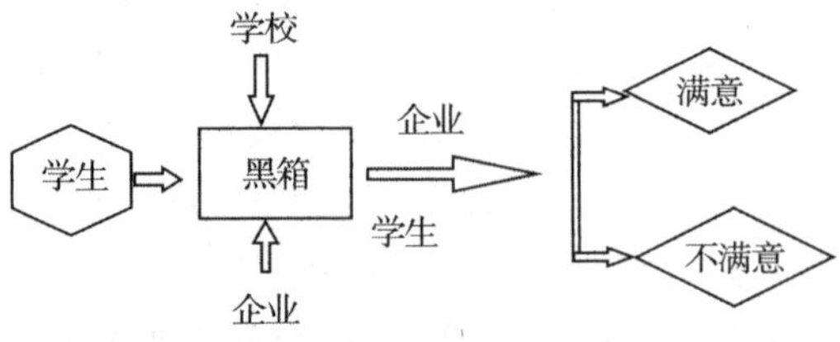

图 1 三位一体关系

第二，校企就人才培养理念达成共识。在产教融合发展过程中，企业深刻认识到人才培养、储备的重要性，能够更加主动地参与人才培养的实践教学，为学生创造从基础服务岗位到基层管理岗位的学习机会，发挥实践教学的容错优势，提升学生的岗位就业信心。

第三，“双师”制保障学生能力培养。校内外实践教学均采用“双师”制：课程实践教学请业界精英走进课堂，校外“顶岗实习”实行“双导师”制。学校与企业共同制订学生培训计划，编制旅游专业实践教学指导手册，把整个实践学习过程分成不同的学习节点，构建教与学的新机制，促进两位导师教学上的分工合作，有效解决学生的各种问题，促成实践教学目标达成。

第四，“项目化”课程强化学生应用能力培养。以项目为载体推出的“创新班”，激发学生学习兴趣，强化应用型人才培养。目前，三明学院经济与管理学院已经成功组织了金砖（厦门）会晤服务创新班、连锁事业管理创新班、旅游应急管理创新班、马岩生态规划创新班。基于“创新班”的实践教学模式，推动旅游专业应用型实践教学改革。

（三）思考：进一步优化实践教学的理念、内容和手段

信息科技的飞速发展、文旅融合的时代背景、旅游产业的转型升级、文化产业的提质升级，都需要大批应用型、复合型卓越经济管理人才，对旅游实践教学也提出了新要求。

第一，落实产教融合，优化实践教学理念。地方性应用型高校的旅游本科专业，应依照“产教融合”的理念和要求，积极对接当地旅游产业，融入旅游企业，从“点对点”的校企合作，向“链融链”的产教融合转变。产教融合是教育链、人才链、创新链和产业链的贯通融合，其核心是通过资源、能力互补形成共生体，实现资源转化、价值交换和利益共享。高校是管理升级转化的桥梁、旅游企业发展的帮手，同时在供需对接、价值交换中寻求教育方式、学习方式的变革，形成更加开放融合的现代实践教学体系，培养符合时代要求的行业人才。

第二，与产业发展同步，优化实践教学内容。在文旅融合、乡村振兴以及满足人民对美好生活向往的时代背景下，文化与旅游产业面临供给侧结构性改革。高校应主动将教育资源、教育要素、教育过程与企业生产过程、生产资源融通，应用大数据、云计算、

区块链等新技术，成为旅游产业技术进步的桥梁；要与旅游产业发展联动、融通，为实践教学内容提供丰富的题材，使高校在融合发展中找到自身的办学特色。

第三，紧跟科技进步，优化实践教学手段。现代通信技术与计算机技术的发展，增强现实(augmented reality，AR)、虚拟仿真等科技革命带来了教育手段与方法的变革。高校实践教学要紧跟科技进步的节奏，优化教学手段，使实践教学成为智慧学习的工场。高校应从标准化教育向多维场景的个性化学习转变，教学方式更加关注驱动激励学习者自主学习的变革，考核评价不仅要加强过程化，还应更具探究性和个性化特色，结合学生的个性特点，培养“三创”人才。

参考文献

[1]孟丽.基于学习周期理论的旅游管理本科实践教学体系优化[J].玉溪师范学院学报，2019(1)：112-116.

[2]冯小霞.“双一流”建设视角下地方本科院校校外实践教学质量监控体系的构建：以湖北民族大学旅游管理专业为例[J].高教学刊，2019(14)：24-28.

[3]孙梦阳，刘志华，冯丽霞.旅游管理专业本科实践教学体系的构建与实践研究[J].佳木斯职业学院学报，2018(10)：214-216.

[4]刘霞.基于职业能力本位的旅游管理本科实践教学体系构建[J].四川旅游学院学报，2017(5)：1-4.

[5]张侨，盛颐.地方本科院校旅游管理类专业实践教学体系构建研究[J].琼州学院学报，2016(3)：124-128.

[6]谭丹.应用型本科院校旅游管理专业实践教学保障体系构建研究：以湖南涉外经济学院为例[J].宿州教育学院学报，2017(1)：151-152.

[7]侯兵，姜继红.基于校企合作的旅游管理本科专业实践教学体系的构建[J].湖北经济学院学报(人文社会科学版)，2015(3)：177-178，194.

[8]余勇.校外实习基地实践教学评价指标体系研究：以旅游管理本科专业为例[J].重庆第二师范学院学报，2015(1)：139-142.

[9]谢朝武，陈岩英.旅游本科院校的校外主题型实践教学[J].沈阳大学学报(社会科学版)，2014(4)：217-220.

[10]王淑娟.应用型本科院校旅游管理专业实践教学模式研究[J].唐山师范学院学报，2013(5)：146-149.

[11]邝金丽.旅游管理专业本科实践教学研究综述[J].长春理工大学学报，2012(2)：196-198，202.

[12]郑向敏，范向丽.论旅游专业“四高”的人才培养理念与运作模式[J].人文地理，2010(6)：146-149.

应用型高校美育资源共享平台的构建与实践*

伍荣生，江水莲，唐进宝

摘要：作为"五育"之一的美育，在高质量人才培养过程中的作用不可或缺。苏区中小学美育教育面临优质资源匮乏、师资队伍不足、特色项目缺失等问题。为了破解以上问题，三明学院牵头成立"苏区美育发展学院"，通过校政、校企、校校的产教融合的"3351"模式，即三条路径、三个项目、五项成果、一个品牌，实现"资源共享"和"学生共育"，构建校内外美育协同发展新模式，打造苏区美育应用型师资团队，推进美育项目驱动创新班建设，加强苏区大中小学校美育研究，拓展美育项目国际交流与合作，推进苏区美育高质量发展，形成苏区美育校地共生新格局。

关键词：苏区；应用型高校美育；资源共享平台；协同育人

美育，即美感教育或审美教育，指培养学生认识美、爱好美和创造美的能力的教育，是丰富想象力和培养创新意识的教育，其能提升审美素养、陶冶情操、温润心灵、激发创新创造活力，是全面发展教育不可缺少的组成部分，是培养全面发展的未来人才的重要方面。早在1912年蔡元培发表的《对于教育方针的意见》就强调了美育的重要性，其感召下的"美育思潮"便开启了对美育教育的研究，"美育"完成"健全之人格"[1]，并于1922年7月至1925年8月先后在济南、北京、南京、太原召开中华教育改进社四届的美育组会议，重塑了普及美育之诸多关键要义[2]，敞现"以提倡美育为唯一的职志"[3]。美育教育已走过百年历程。

当下对高校美育的研究主要涵括三个方面：一是对高校美育的现状分析、实践路径及策略方面的研究，如邱地和谢朝晖的《高校美育面临的困境与对策探讨》[4]、王小奎的《高校美育教育实践路径研究》[5]、王勇的《高等教育大众化背景下美育策略研究》[6]等研究；二是对高校音乐教育中美育价值、功能及融入地方音乐文化元素的研究，如宁本涛和杨柳的《美育建设的价值逻辑与实践路径——从"五育融合"谈起》[7]、阮海云的《音乐教学的美育功能再探》[8]、郎月铃的《传统音乐文化传承中中国基础音乐教育的地位和作用》[9]等研究；三是对高校美育育人教学改革、美育体系建设及师资队伍建设的研究，如高洁的《新时期高校音乐教育专业教学改革与思考》[10]、郭瑾莉的《新时代高等学校美育的改革理路与行动策略》[11]、王文君的《新时代乡村美育教师队伍建设的实践策略》[12]等研究，但对于应用型高校美育资源共享平台的构建与实践尚未涉及。

---

* 本文2021年4月刊于《三明学院学报》第38卷第2期。

近几年，教育部高度重视高校美育的发展，出台了《关于全面加强和改进学校美育工作的意见》《关于切实加强新时代高等学校美育工作的意见》等相关文件，强调各级各类学校，要高度重视美育教育，把美育纳入各级各类学校人才培养全过程，贯穿学校教育各学段，培养德智体美劳全面发展的社会主义建设者和接班人；到 2035 年，基本形成全覆盖、多样化、高质量的具有中国特色的现代化学校美育体系。[13]学校美育教育，已然成为学校教育体系中的重要环节。然而，当下美育教育，还存在美育师资配备不足，课程开设不足、教材体系的建设和质量有待提高、未形成面向人人的美育机制等问题。构建"以美育人、以美化人、以美培元"的美育教育新模式，培养德智体美劳全面发展的人才，是当下亟待探索的问题。

2014 年 3 月，国务院批复《赣闽粤原中央苏区振兴发展规划》，三明全境纳入规划实施范围。2021 年，国务院又出台文件，要求加强和推进原中央苏区、革命老区社会建设、经济建设。[14]三明学院作为地处原中央苏区的地方性应用型本科高校，以服务三明市经济社会发展为己任，主动对接苏区美育需求，主动服务区域美育发展[15]，三明学院美育发展学院正是在这个大背景下适时成立，服务于原中央苏区各级各类学校开展美育教育。美育发展学院扎根苏区的红色文化沃土，致力探寻传承红色基因、根植本土艺术文化、创新美育发展的新路径，努力凝练美育教育特色，致力打造苏区高校"3351"点亮工程美育品牌，为苏区培养美育教育与服务地方文化艺术的人才。

一、原中央苏区三明的美育资源及美育教育开展情况

三明市位于福建省中部连接西北隅山区，武夷山脉、玳瑁山脉、戴云山脉贯穿全境，以中低山和丘陵为主，拥有良好的生态环境和丰富的森林资源，是中国最绿省份的最绿城市，素有"中国绿都"之称。三明是福建母亲河闽江的发源地和重要流域，是由江西、浙江进入福建的重要通道和人口集散地，是汉至清代北方移民的重要中转地，其独特的人文地理位置，成就了三明作为闽人之源、闽水之源、闽学之源、客家祖地等文化符号的重要标志。正是三明位于闽中的优势，使三明不但是闽文化汇集地，八闽文化在三明都有汇集和呈现，也是福建历史上各种艺术形式保存最为完好的地区，是福建民间艺术和戏曲文化最丰富的区域。

更重要的是，在 20 世纪 20—30 年代中国共产党人领导的伟大革命斗争中，三明是重要的革命根据地，三明全域都是中央苏区。1930 年春，古田会议召开后，毛泽东、朱德率领红四军在宁化、清流、归化(今明溪)等地开展革命活动。1931 年初，红十二军与红四军一部，在三明开辟了宁清边区和建宁西北游击区；同年 5 月，红一方面军建立了建泰将、宁清归两块革命根据地。1933 年第四次反"围剿"胜利后，成立闽赣省，下辖 26 个县，其中建宁、泰宁、宁化、清流、归化、彭湃、泉上、黎南、将乐、沙县 10 个县，都在三明境内。1933 年 7 月至 1934 年 2 月，东方军两次入闽作战，在永安、大田、尤溪等地新辟了大片苏区，三明全域都成为中央苏区。风展红旗，如画三明。三明是全国闻名的中央苏区。工农红军和毛泽东、朱德等领导人在三明进行革命斗争期间，不仅留下了丰富的红色政治资源和思想文化资源，而且留下了丰富的文化艺术资源和思想宣传资源，还留下了许许多多感人至深的革命故事、英雄故事和斗争传奇。作为原中央苏区的三明全域，

既是开展新时代美育教育的重要实践基地，也蕴藏着极为丰富的新时代美育教育的思想资源、文化资源、艺术资源。

三明蕴藏着极为丰富的文化艺术资源，有着深厚的文化韵味，展现出鲜明的地域特色。三明拥有6个中国历史文化名村、石壁客家祭祖习俗等5项国家级非物质文化遗产及几十项省级非物质文化遗产。清流县“地滚龙灯”习俗已有近千年历史；永安大腔戏也称大门腔，是福建最古老的剧种之一，有弋阳腔活化石之称；三明大田的张大阔公戏，学术界认为是宋代杂剧的活态遗存，是迄今遗存的最古老的戏剧艺术[16]；泰宁梅林戏俗称土戏、土京戏，是清代乾嘉年间，徽调经浙江、江西两路传入泰宁后，与当地方言和民歌小调、道教音乐相融合，形成具有地方特色的剧种。这些都是三明开展美育教育的重要基础和重要资源。随着国家、省市对原中央苏区美育教育的支持与重视，三明美育教育取得了一些成绩。一是中小学美育质量提升，校地共生深度合作，如2017年起与市属中小学联合培养管乐队、民乐团等；二是美育实践成果显著，服务地方能力增强，如2014年起获省级及以上奖项50余项，2014年11月校园剧《上大学》获第四届中国戏剧奖——校园戏剧最高奖，2018年12月获中国舞蹈荷花奖入围奖等；三是美育影响力美誉度提升，政府与社会认可，其美育经验先后在全国应用型本科音乐专业人才培养研讨会、福建省第六届大学生艺术节高校美育优秀案例汇报等校外交流，媒体也报道了基于苏区美育发展学院的“3351”点亮工程的美育实践等。

二、基于苏区美育发展学院“3351”内涵及应用型师资团队建设

（一）成立苏区美育发展学院的意义

苏区美育发展学院于2020年成立，立足苏区美育教育，打造各级各类学校美育资源共享平台，落实新要求，促进资源整合，推动苏区美育教育提质。成立美育发展学院，对于原中央苏区各级各类学校开展美育教育，培育和培养符合新时代发展要求的接班人、建设者具有重要意义。一是落实服务新要求。新平台既是落实《意见》和新时代美育发展战略的新要求，也是学校落实市校产教融合、服务地方经济社会发展的又一有力举措，更是服务于苏区文化艺术建设，为苏区美育教育建设赋能、聚力、开源的一次“点亮”行动。二是整合资源。新平台是整合区域内美育教育资源，建设校校、校企协同育人机制，实施美育精准扶贫、振兴乡村，助力苏区美育教师培育，推进应用型人才培养与社会区域文化艺术发展的美育建设先行区、示范区。三是促进新发展。新平台聚焦苏区美育课堂教学改革，深度挖掘本土文化艺术资源开展美育课堂教学，深耕苏区美育课程体系建设，通过“国乐进校园”等美育项目合作，打造学校美育发展特色和新样板。

（二）“3351”点亮工程的内涵

苏区美育发展学院致力于打造“3351”点亮工程美育品牌，为实现苏区美育发展学院目标，构建了校内外美育协同发展的“3351”实践模式，即三条路径、三个项目、五项成果、一个品牌。首先，实施路径的三个面向：一是面向政府、市教育局等，借力发力，推动全区域美育教育的开展；二是面向苏区高校教师专业发展学校，融合发力，让高校相关教学科研院所及专业教师、教辅人员，积极投身于苏区美育教育实践中，壮大全社会开

展美育教育的力量；三是面向校内校外美育资源，聚力发力，将整个原中央苏区社会的各个层面、各个领域，都作为开展美育教育的平台和资源聚焦地，全方位地开展全面的美育教育。其次，实行三个项目：对接苏区高校教师专业发展学校，协同推进三个美育项目，分别指美育教育基地、“国乐进校园”项目、全市中小学艺术测评。再次，是五项成果：对接苏区高校教师专业发展学校，指导撰写五个美育成果，分别指两篇美育论文、两项教改项目、一项教学成果奖。最后，是一个品牌：对接苏区高校教师专业发展学校，打造一个美育教育品牌。

（三）打造苏区美育应用型师资团队

形成校企协同的“双师双能”型教学团队。依托已成立的苏区美育发展学院，深化苏区高校与政府、企业、中小学校的产教融合，打造苏区美育应用型师资团队（图 1），加强高素质“双师双能型”美育师资队伍建设，提升教师的专业实践能力与美育育人能力，组建国家、省、市、县、校（高、中、小）学校美育师资团队。有计划地安排专业课师生到福建省艺萌文化传播有限公司等企业进行专业课程培训、项目研发的美育实践，通过开展与音乐学专业相关的美育技术开发和服务地方文化的艺术实践，提升教师适应苏区学校美育教育教学与实践能力，以“资源共享”和“学生共育”的美育人才培养模式[17][18]为导向，开展“双师双能”等主体教学形式，依循苏区美育发展学院—音乐学专业群—应用型教学团队—项目驱动创新班—富有地方特色美育课程体系“五位一体”路径，深化“233”应用型人才培养模式[19]，充分聚集校政、校校、校企及校内优势资源，优化美育育人团队，通过柔性引进政企等美育师资，承担美育理论教学和实践教学任务；校内外选派美育师资进修，提升美育师资的育人能力和服务地方能力；完善“双师双能型”美育教师激励机制，将美育实践、地方服务纳入职称聘任。

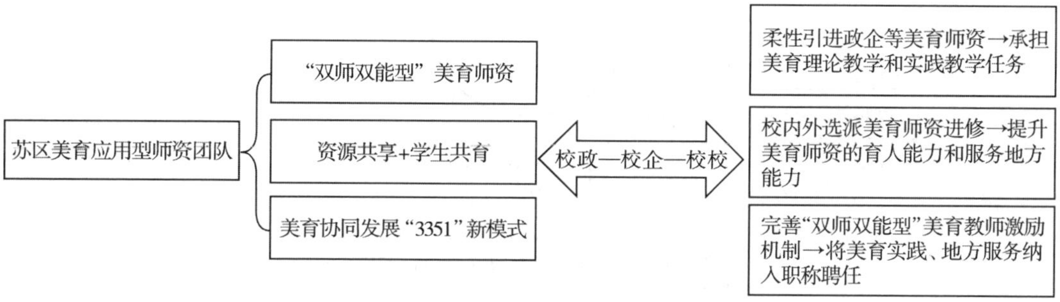

图 1　苏区美育应用型师资团队示意

三、应用型高校美育资源共享平台的构建

基于苏区美育发展学院的“3351”点亮工程探索，打造苏区美育应用型师资团队，通过驱动创新班实现“项目—课程—特色”的一体化发展，形成应用型高校美育资源的共享平台。

(一)构建“3351”共建、共管、共享、共赢新模式

苏区高校美育协同发展的“3351”新模式,旨在建立规范的运作章程和管理制度,推进校政、校企、校校深度融合的合作机制和管理模式,以音乐学专业为主体,融合美术学、设计学、播音主持、思想政治等学科专业,协同三明市教育局、三明市文旅局、三明市艺术馆、三明市各中小学,以福建省艺萌传播有限公司等企业为孵化平台,通过系统规划、加强引导、借力汇力等举措,共组以专业群团队[20]为主体的苏区美育发展学院的孵化圈,构建服务地方的美育教育师生团队,形成“共建、共管、共享、共赢”的校企合作协同发展机制,整体推进苏区美育高质量发展。

(二)依托创新班实现“项目+课程”一体化发展

推进美育项目驱动创新班建设,增强专业美育创新能力,实现音乐学专业美育“项目驱动+课程设计”的一体化协调发展,将学科建设融入苏区美育创新教育模式建设与发展中,协同三明市教育局组建艺术测评创新班(音乐、美术),主要包括民乐、管乐、合唱、舞蹈等项目,主动服务区域文化艺术教育和创新创业发展。根植产教融合创新班课程体系如图2所示。

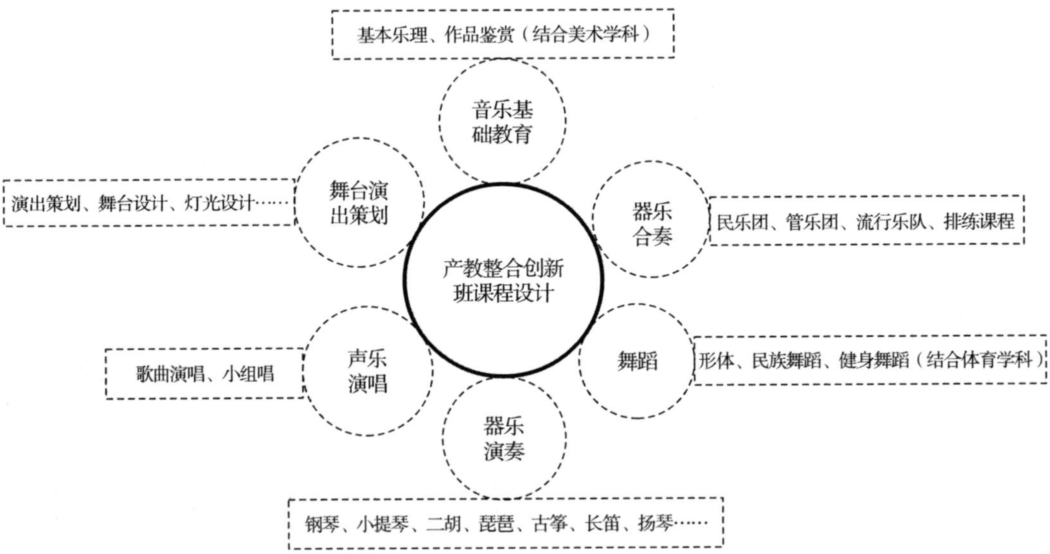

图2　产教融合创新班课程设计示意

以音乐基础教育、舞台演出策划、器乐合奏、声乐演唱、器乐演奏、舞蹈等课程设计为载体,形成能够服务于地方文化艺术教育发展要求的学科方向与特色,为学科和专业建设构筑发展平台和技术高地。通过美育驱动创新班的创新实践,增强学科专业发展美育创新能力,凝练美育教育特色,带动地方文化艺术美育教育的创新发展,逐步形成良好的大美育育人环境。[11]

（三）加强美育研究拓展美育课程体系

以苏区美育发展学院为平台，统筹校政、校企、校校及校内各类美育教育资源，加强苏区大中小学校美育研究，拓展美育课程体系（图3），围绕“3351”协同育人新模式，以“资源共享”与“学生共育”的理念，以苏区美育发展学院、应用型师资团队、项目驱动创新班为载体，对准美育人才培养目标，通过美育课程标准、美育教学实施、美育教学目标、美育教学评估等“学生共育”环节，构建以音乐专业为主体、孵化美术学等其他专业的美育课程体系，打造苏区高校美育与服务地方的专业群，深化产教融合、协同育人的美育理念，加强苏区大中小学校美育研究。

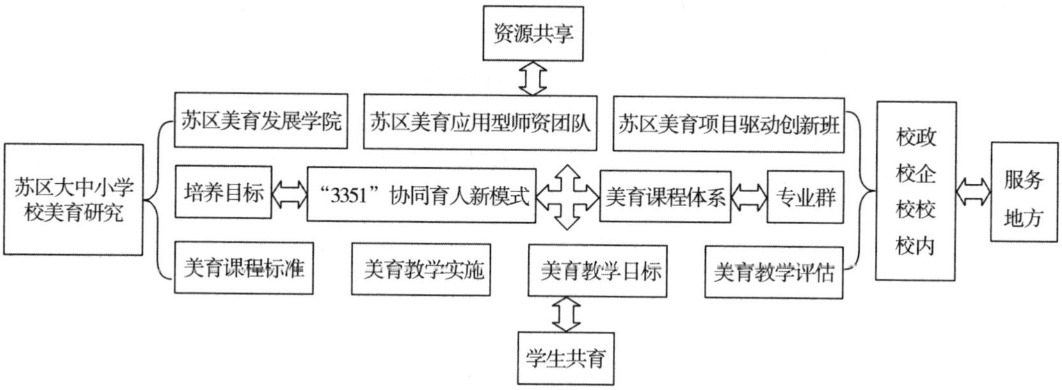

图3 苏区大中小学校美育研究与课程体系示意

（四）根植特色拓展美育国际交流与合作项目

一是充分挖掘三明地方戏曲、曲艺、器乐、歌舞等音乐文化，积极将其融入美育的教学实践、理论创作、科学研究等美育育人的全过程，凝练出本土化的美育实践特色[21]，尤其要彰显出苏区高校美育在传承和弘扬中华优秀文化方面的区域优势。二是拓展美育项目国际交流与合作，深化中外美育教育特色，借助“一带一路”，拓展美育教育的思路，深化中外合作办学深度和广度，深入与俄罗斯高校合作交流（本、硕、博学位联培与师资柔性互派），积极引入俄罗斯等沿线国家的声乐、管乐、舞蹈等优质师资，并选派苏区高校优秀的特色美育师资赴俄等国交流学习、演出及教学，以期传播中华优秀传统音乐文化。

四、应用型高校美育资源共享平台的实践成效

苏区美育发展学院充分利用其美育人才储备资源与美育优质师资等方面的区域优势，本着“互惠互利、共商共赢、协同发展”的原则，积极发挥应用型高校美育师资团队的引领作用，打通第一课堂与第二、第三课堂之间不通畅的壁垒，依托民乐团、管乐队等团队为载体拓展美育实践体系，点亮“3351”校内外美育协同发展新模式，积极推进校政、校企、校校的美育协同育人进程，构建应用型高校美育资源共享平台，进而实现原中央

苏区应用型高校服务于地方文化艺术与中小学校美育实践的良好局面。目前，已积极争取由高校牵头，并与三明市教育局、苏区高校教师专业发展学校、福建省艺萌文化传播有限公司等协同完成艺术测评工作。

2013年至今，苏区应用型高校音乐专业依托美育资源共享平台在服务地方文化艺术与中小学美育实践等方面取得了一些成效(表1)，近3000人次师生参加了千余场的演出、比赛及项目，这在一定程度上为苏区应用型高校美育教育与创新发展奠定了良好基础。以民乐团为基础，拓展管乐队、合唱团、舞蹈团等美育实践团队，先后与三明市客家文化艺术中心、三明市教育局、三明市三元区第二实验小学、永安市政府、三明市梅列区第二实验小学、福建省艺萌文化传播有限公司等单位开展合作，深化校政、校企、校校及校内的产教融合协同发展。基于苏区美育发展学院"3351"点亮工程，打造苏区美育应用型师资团队，推进美育项目驱动创新班建设，加强苏区大中小学校美育研究，拓展美育项目国际交流与合作，构建应用型高校美育资源共享平台，推进苏区美育高质量发展的新阶段，形成苏区美育校地共生的新格局，彰显苏区应用型高校在辐射三明市区美育教育的能力及影响力，迎合中小学校美育师资与创新发展的需要，为"共建、共管、共享、共赢"美育教育的创新发展奠定了基础。

表1　应用型高校三明学院美育资源共享平台的实践成效

时　间	美育实施协同方	美育资源共享平台的实践成效(部分演出、比赛及项目)
2013—2020	三明学院	连续主办三明学院新年音乐会
2014—2020	福建省教育厅	在福建省第四、五、六届大学生艺术节比赛中获奖；2016年1月参加"有福之春"省艺术院校新春音乐会
2015.12	福建省文学艺术界联合会	南词说唱《香樟颂》获福建省首届"丹桂奖"电视曲艺大赛一等奖
2013—2015	三明市客家文化艺术中心、福建省教育厅	2013年与三明市客家文化艺术中心签订产学研合作协议；2015年10月获批福建省大学生校外艺术实践基地
2015.12	三明市教育局	大型歌舞剧《行走三明》的排练及演出项目
2017.6至今	三明市三元区第二实验小学	与三明市三元区第二实验小学联合培养小学管乐队
2018.6	永安市政府	与永安市政府合作参加首届世界竹藤大会开幕式演出项目
2018.5至今	三明市梅列区第二实验小学	与三明市梅列区第二实验小学联合培养小学民乐团
2020.9	三明学院教务处	三明学院第六届校级教学成果二等奖
2020.11至今	福建省艺萌文化有限公司	与福建省艺萌传播有限公司签订"国乐进校园"合作项目

续表

时　间	美育实施协同方	美育资源共享平台的实践成效(部分演出、比赛及项目)
2020.12.25	三明学院、三明市教育局、三明市艺术馆、福建省艺萌传播有限公司	苏区美育发展学院教学团队汇报音乐会
2020.10.17 至今	福建省艺萌传播有限公司	将乐县少儿民乐团
2021.1	福建省教育厅	福建省第六届大学生艺术节高校美育改革创新优秀案例一等奖

三明学院苏区美育发展学院通过“资源共享”和“学生共育”的美育人才培养范式，以协同共享、特色发展为导向，破解了应用型高校美育育人实践中所存在的协同育人单一化、培养模式同质化、美育机制不健全等问题，有效推进了高校与地方政府、企业、中小学的产教融合发展，构建出应用型高校美育资源共享平台，有力凸显了应用型高校美育教育的引领能力，以及在服务地方中小学美育教育方面所发挥的突出作用。应用型高校美育资源共享平台的构建，关键要突破校园时空局限，吸纳社会文化艺术力量以及美育发展资源、艺术实践品牌、艺术管理、艺术市场管理与运作等要素，以美育为纽带串联音乐学、美术学、艺术设计、文化传播、管理学等专业，打通艺术及人文专业群的美育教育体系，主动对接区域美育发展需求，积极服务区域美育发展，构筑区域美育特色课程，凝练本土审美元素，逐步构建成要素较完整、制度逐步配套、运行效果良好的、具有一定辐射作用的区域美育教育中心。

参考文献

[1]徐希茅，喻意志.中国音乐史与名作欣赏普修教程[M].上海：上海音乐出版社，2009：47.

[2]胡知凡.中华教育改进社美育组会议述略[J].美育学刊，2021，12(1)：16-26.

[3]俞玉滋，张援.中国近现代美育论文选[M].上海：上海教育出版社，1999：195.

[4]邱地，谢朝晖.高校美育面临的困境与对策探讨[J].教育探索，2015(6)：87-90.

[5]王小奎.高校美育教育实践路径研究[J].四川戏剧，2020(5)：156-158.

[6]王勇.高等教育大众化背景下美育策略研究[J].邯郸学院学报，2019，29(4)：103-106.

[7]宁本涛，杨柳.美育建设的价值逻辑与实践路径——从“五育融合”谈起[J].河北师范大学学报(教育科学版)，2020，22(5)：26-33.

[8]阮海云.音乐教学的美育功能再探[J].教学与管理，2013(30)：118-120.

[9]郎月铃.传统音乐文化传承中中国基础音乐教育的地位和作用[J].中国教育学刊，2020(S1)：120-121.

[10]高洁.新时期高校音乐教育专业教学改革与思考[J].人民音乐，2020(10)：67-69.

[11]郭瑾莉.新时代高等学校美育的改革理路与行动策略[J].中国高等教育，2020(12)：54-56.

[12]王文君.新时代乡村美育教师队伍建设的实践策略[J].中国教育学刊，2019(12)：86-88.

[13]新华社.中共中央办公厅 国务院办公厅印发《关于全面加强和改进新时代学校体育工作的意见》和《关于全面加强和改进新时代学校美育工作的意见》[EB/OL].(2020-10-15)[2021-01-02].www.

gov.cn/xinwen/2020-10/15/content_5551609.htm.

[14]国务院.国务院关于新时代支持革命老区振兴发展的意见(国发〔2021〕3号)[EB/OL].(2021-02-20)[2021-04-01].http://www.gov.cn/zhengce/content/2021-02/20/content_5587874.htm.

[15]张君诚,许明春."产业伙伴型大学"品牌追求与应用型本科转型发展实践——兼论三明学院基于产教融合的人才培养模式重构[J].鸡西大学学报,2015,15(10):19-22.

[16]余达忠.宋代杂剧的活态遗存——三明大田新发现地方戏《张大阔公戏》研究之一[J].戏曲艺术,2014,35(2):17-22.

[17]中国教育新闻网.苏区美育发展学院在三明揭牌成立[EB/OL].(2020-12-29)[2021-01-02].http://www.jyb.cn/rmtzcg/xwy/wzxw/202012/t20201229_386162.html.

[18]苏区美育发展学院在三明揭牌成立[EB/OL].(2020-12-30)[2021-01-02].http://www.fj.chinanews.com/news/2020/2020-12-30/478552.html.

[19]江水莲,伍荣生,唐进宝.一带一路教育行动:应用型高校音乐人才培养模式的建构与实践——以三明学院"233"模式为中心[J].三明学院学报,2020,37(4):96-100.

[20]张君诚,许明春.应用型院校专业群建设的思维和路径选择分析[J].国家教育行政学院学报,2017(5):22-27.

[21]刘梦凡.普通高等学校美育实践的改革与探索[D].长沙:湖南师范大学,2020:37-39.

以项目驱动创新班为引擎的应用型人才培养模式构建与实践*

兰明尚，张君诚，许明春，赖祥亮，
龚兵丽，蔡萍萍，肖爱清，何　宁

一、成果简介

2015 年，教育部公布《关于引导部分地方普通本科高校向应用型转变的指导意见》（教发〔2015〕7 号），推动转型发展高校把办学思路真正转到服务地方经济社会发展上来，转到产教融合校企合作上来。2016 年，福建省教育厅公布《关于开展普通本科高校向应用型转变试点工作的通知》（闽教高〔2015〕39 号），要求全省转型发展高校组建专业群、产业学院，加强高素质"双师双能型"教师队伍（教学团队）建设。

转型发展中的地方高校应用型人才培养已与服务地方、科学研究密集交织在一起，专业群、产业学院和应用型教学团队交织下产生的要素单位也通常成为评价和考量高校转型发展质量的重要依据。不少高校转型实践表明：专业群黏合度与共享度低，跨界育人效果不佳；产业学院空心化或研究院化，人才培养功能不强；教学团队不紧密或不协同，育人作用发挥不够；课程建设应用性与实践性弱，第一第二课堂衔接不畅。因此，上述各要素单位的内涵建设与协同运转成为提高人才培养能力急需破解的难题。

三明学院 2012 年在省内率先启动转型并制定《三明学院应用型人才培养模式改革方案》，2014 年，课题"地方本科院校向应用技术大学转型'三落实'问题研究"获省社科规划立项。在转型实践中，针对资源整合难、要素协同差、产教融合效果不佳等问题，学校坚守校地共生、为用育才理念，创设了项目驱动创新班，以此为引擎，构建专业群、产业学院、应用型教学团队和课程"五位一体"的人才培养新模式（图 1）。经过四年实践，有效破解转型诸多难题，取得良好成效。

针对转型发展各要素整合难、协同差等问题，在分析研判基础上，学校开创性打造了项目驱动创新班。科学研究、服务地方的项目分解成任务，并转化为课程，通过项目的实施和课程教学，学生完成课程修习，项目得以完成。一是打造驱动引擎，突破专业群要素协同难瓶颈。学校在创设项目驱动班的基础上，出台《关于"五位一体"人才培养模式改革的实施意见》《专业群建设管理办法》，使不同专业师生"成群结队"，有效对接产业链，服务教学科研。二是学生中心导向，落实产业学院人才培养主体功能。出台《产业学院建设方案》《项目驱动创新班管理办法》，做实项目驱动创新班，有效克服产业

* 2020 年福建省高等教育教学成果特等奖（培育）项目教学成果报告。

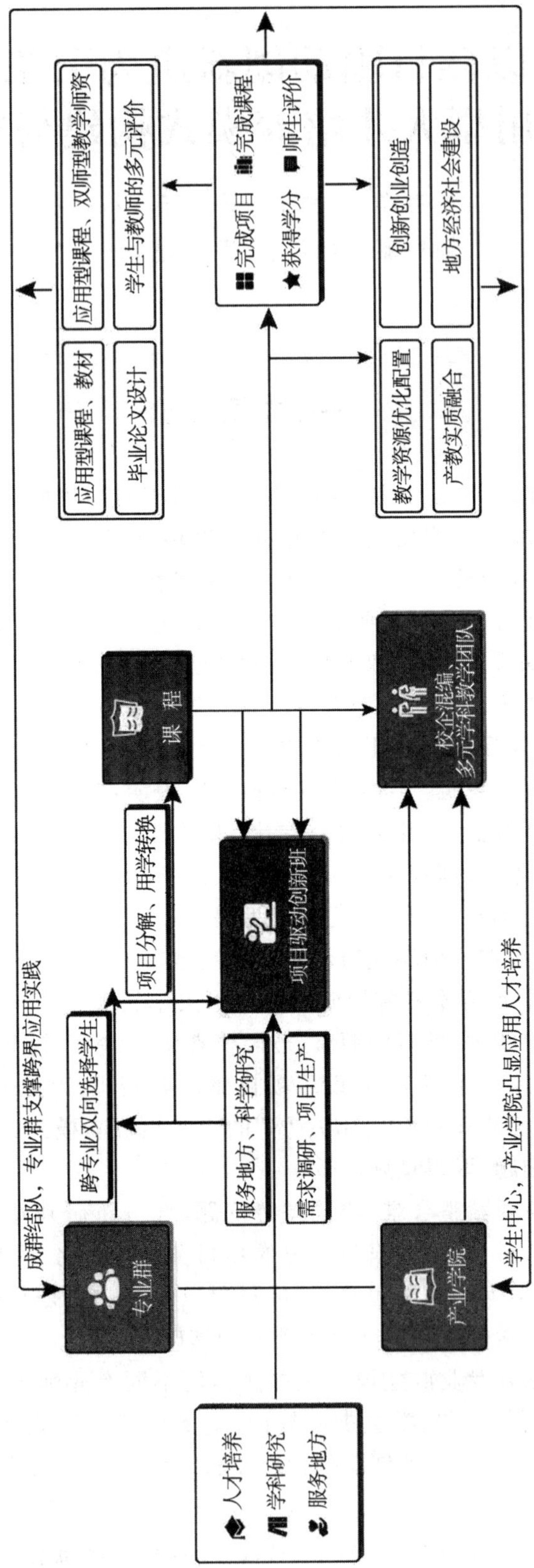

图1 以项目驱动创新班为引擎，专业群、产业学院、应用型教学团队和课程相互呼应的“五位一体”应用型人才培养新模式

学院“空心化”或“研究院化”现象，赋能应用型人才培养。三是校企多元混编，提升教学团队与课程建设整体水平。通过项目驱动创新班，教师深度参与项目实施，提升实践水平，润泽课程建设，切实引领应用型教学变革。制定《应用型教学团队建设与管理办法》，促进教师和业界技术人员跨界融合，切实提升实践教学能力。

2016年以来，成果取得显著育人成效：毕业生就业率、社会满意度稳中有升；2018年省评估中心年度报告显示，三明学院位居福建省本科毕业生五年月薪增幅第一；第二课堂育人能量获得释放，学生省级及以上奖项井喷式增长；学校入选省示范性应用型本科高校、省首批深化创新创业教育改革示范校、教育部“卓越工程师教育培养计划项目”高校、全国50所创新创业典型经验高校(2018)；三明学院-中兴通讯ICT学院入选省示范性产业学院；《人民日报》《中国教育报》等媒体都对转型成果给予充分肯定。

二、解决的教学问题

(一)专业群黏合度或共享度低，协同育人效果不佳

院系间壁垒、共享平台缺乏，专业群黏合度低、稳定性差，跨学科、跨学院协同培养成效差，专业群“成群结队”作用难以体现。

(二)产业学院空心化或研究院化，人才培养功能不强

产业学院或空转或过度关注服务产业项目，没有合适载体平衡人才培养与科学研究、服务地方之间的关系，产业学院人才培养功能弱化甚至缺失。

(三)教学团队不紧密或不协同，育人作用发挥不够

应用型教学团队“形似而神散”，应用元素融合不够，教师实践教学能力不足，课程建设质量不高，难以胜任应用型人才培养需要。

三、解决教学问题的方法

转型归根结底是要素优化配置与有效协同问题。以项目驱动创新班黏合要素、激活动力，推动专业群、产业学院、应用型教学团队和课程内涵建设与彼此发展，提升应用型人才培养能力和质量。

(一)寻找抓手、构建机制，专业群建设突破瓶颈

一是项目驱动创新班有效打破学科专业和学院界限。项目驱动创新班根据需要吸纳跨学科专业、跨学院学生参与，有效促进专业群内各类资源要素重新组合。校地共生形成的真实项目，促进专业群内的教师、学生、课程形成了更高的开放度，互动交流频繁，专业间的黏合度得到提升。例如，管理学院组建的“法律事务创新班”学员涵盖了旅游管理与服务教育、贸易经济、机械设计制造及其自动化、材料化学、资源环境科学等不同专业，创新班设计了“职业素养”“办公软件运用”“法学概论”等9门课程；“闽光学院

智能装备"项目驱动创新班有机械设计制造及其自动化、电子科学与技术、电子信息工程等 6 个专业参与。

二是构建机制保障运行。先后出台《关于深化专业群、产业学院、项目驱动创新班、应用型教学团队和课程"五位一体"人才培养模式改革的实施意见》《三明学院专业群建设管理办法(试行)》《三明学院产业学院建设方案》《三明学院项目驱动创新班管理办法》《三明学院"一课双师"工作实施方案》等制度,克服"假成群""虚结队"问题,专业群名实相符,运行有效。会同有关部门、企业逐步制订与产业发展相适应的职业技术培训计划,采取工学结合、分阶段完成等培训形式,面向三明地区积极开展职工培训和职业资格鉴定工作。对照区域主导产业,主动开展汽车及机械装备、纺织、新材料、旅游等产业人才培养规格的一体化设计研究。

三是引导专业群响应与服务产业需求。更加聚焦地方产业需求,将区域产业优势转化为专业群建设和人才培养优势,实现为用育人。面向地方支柱产业、特色产业与新兴产业需求,构建与产业链对应的专业群,形成了资源化工、ICT、文化创意及衍生产品创新设计等 5 个省级和休闲旅游等 3 个校级专业群(图 2)。围绕新技术、新业态、新模式、新产业发展,通过人工智能(大数据)+专业,加快传统专业改造提升,增强专业对区

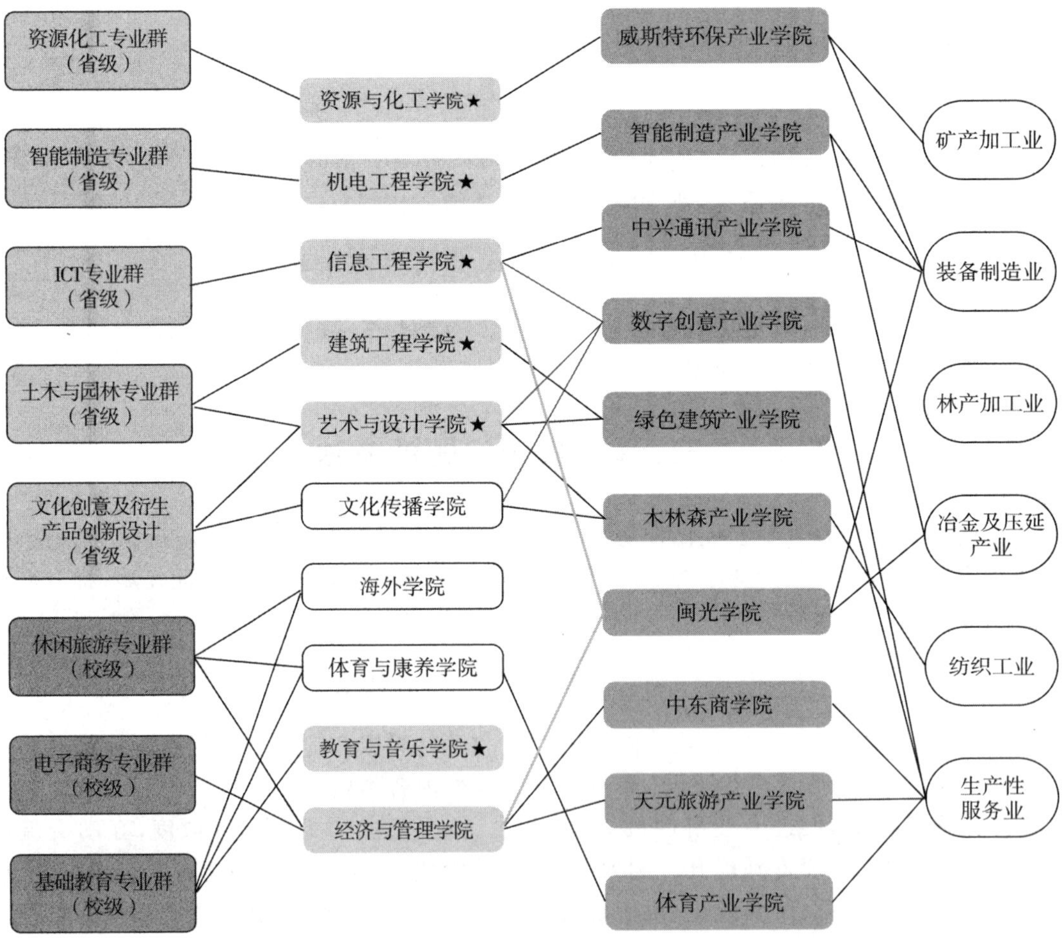

图 2　三明学院专业群、产业学院与三明市主要产业关系

域产业发展的适应力。设置氟新材料、生态旅游开发与管理(森林康养方向)、创新创业创造等专业方向,增强产业急需人才的供给。

(二)学生中心、主体归位,产业学院回归人才培养

一是围绕人才培养建设产业学院。选择龙头企业组建产业学院,制定《产业学院管理办法》,围绕应用型人才培养逻辑,选择匹配项目,通过项目驱动创新班实现产业学院人才培养功能。为克服产业学院空心化或研究院化,落实学生中心要求,创设跨教学院系、跨学科专业的项目驱动创新班,引入真实的产业问题,力求在情景化的学习体验中培养学生解决各类非标准问题能力。与中兴通讯企业深度合作,协同建设"三明学院-中兴通讯ICT学院"示范性产业学院,深化共建、共享、共管和可持续性的常态合作机制,积极探索产业学院组建和运行模式,探索创新董事会(理事会、管委会)治理模式,形成带动我校整体转型发展的先进经验。

二是围绕课程教学推进项目实施。围绕项目实施开展课程教学,模块化课程凸显教学内容的应用性与实践性,提升产业学院内涵。学校和企业共同组建的教学团队、源于业界的实践项目、以解决问题为目标嵌入的课程,这些内在因素确保了项目驱动创新班具有很强的实践属性,也确保了课程教学与项目实施的深度融合。例如,厦门金砖会晤服务创新班因应厦门金砖会晤而组建,来自体育学院、管理学院、外语学院等学院的学生参加,系统接受了服务礼仪、餐前服务、餐中服务、餐饮基础英语、食品卫生类知识等10门课程,边学习边实践,做中学,学中做。经过模块课程的强化训练,学生具备了相应的知识、能力和素质,为厦门金砖会晤做好了充分的准备,取得了很好的成效。

三是规范产业学院人才培养方式与要求。通过项目驱动创新班,产业学院形成更准确的能力标准,设计更真实的学习任务,形成更科学的教学方法和考核方式,确保应用型人才培养规格和效果。以成果为导向,以学生学习能力持续改善为主线,深化产教融合、校企合作,与产业学院所服务的行业企业共同制订人才培养方案、共同开发课程资源、共同实施培养过程、共同评价培养质量,对人才培养规格、课程体系、教学内容、教学方式和学生学业考核评价方法等进行重构。建立以提高实践能力为引领的人才培养流程,实现专业链与产业链、课程内容与职业标准、教学过程与生产过程对接,建立产教融合、协同育人的人才培养模式。改革实践教学内容、方法和手段,把行业企业技术革新项目作为应用型人才培养的重要载体,把行业企业的一线需要作为毕业设计选题来源。通过引进企业研发、生产基地,建成兼具生产、教学和研发功能的校企一体、产学研一体的大型实验实训实习中心和培训基地。

(三)产教协同、多元混编,应用型教学团队提升硬核实力

一是组建校企混编多学科融合的教学团队。项目驱动创新班的组合和运行促进教师和业界技术人员跨界融合,形成校企混编应用型教学团队,有力提高教师人才培养能力。专业群和产业学院从行业企业引进、聘用技术骨干,参与建设,开展"一课双师"授课,业界项目转换为课程内容。实施《校外兼职教师聘用与管理办法》,从行业企业引进、聘用技术骨干,参与教育教学实践;实施"一课双师"制,业界师资承担专业课程1/3内容的教学,促进了校企积极互动。建立教师社会实践制度,实施《加强中青年教师实

践能力培养暂行办法》，选派优秀中青年教师到行业企业锻炼，倡导学以致用，提升实践教学能力。创新人才工作机制，制定《三明学院优秀人才专业技术职务直聘暂行办法》，成立“三明市创业创新人才工作驿站”，设立“金凤凰学者”岗位，柔性引进创新团队和企业高端人才。5个校企混编的应用型教学团队入选省级应用型教学团队。

二是开发缘起项目的课程与课程模块。项目驱动创新班的课程源于科学研究、服务社会任务，教师针对具体项目开展调查、访谈分析，对涉及的典型工作任务进行归纳整合，转换成具体的课程内容，形成凸显工作对象、内容、手段、组织、产品和环境要素的实践属性强的课程模块。在产业学院内组建各类项目驱动创新班，科学研究、服务社会任务转化而来的模块化课程，理论与实践高度融合，第一第二课堂紧密衔接。以“欧瑞园绿色食品”项目驱动创新班为例，该创新班主要依托资源与化工专业群以及福建欧瑞园食品有限公司，围绕“食品真空冷冻干燥及冷风干燥深加工”，安排了7门校企共同开发的课程以及相应的实践内容，涵盖了企业绿色食品生产工艺、产品营销、企业文化等多方面内容。这些课程内容不仅具有鲜明的企业特色，又能满足教学需求，为学生全面了解企业产品开发、加工流程、销售策略等奠定了基础。暑假，项目驱动创新班学员到福建欧瑞园食品有限公司参加为期两周的生产实践，在真实生产环境下感受、深化课程内容。

三是提升基于项目的应用教学和服务地方能力。以项目驱动创新班搭建教学团队能力提升平台，在课程开发、项目实施、校企资源整合等实践中，锤炼跨界教学能力，提升产业服务水平。积极主动联系、协调校企资源，找准介入点位，将协同育人资源嵌入共享资源平台中，提高资源共享度。“闽光学院智能装备”项目驱动创新班因应福建三钢闽光股份有限公司智能化无人值守切割系统升级而成立，依托机械设计制造及其自动化、电子科学与技术、电子信息工程等6个专业参与的学生，设计研发基于机器视觉自动砂轮片在线更换系统。整个项目涉及大量原创机械结构的设计和优化，以及设备制造和安装、电气及动力源安装等。在校企混编教学团队的指导下，项目驱动创新班学生参与该设备的设计和优化，包括非标件设计和加工，标准件的选择，机械系统、机器视觉系统、电控系统等的设计、安装与调试。又如，“触控科技”项目驱动创新班通过项目体验、课程植入等方式，提高学生实践能力。学生作品获第十一届“中国大学生计算机设计大赛”全国决赛二等奖、第十届厦门国际动漫节金海豚游戏开发大赛一等奖等各类奖项。

四、创新点

（一）率先打造了项目驱动创新班协同要素新范式，应用育人有声有色

作为人才培养模式引擎的项目驱动创新班，有效对接需求，充分黏合了专业群、产业学院、应用型教学团队和课程等转型诸要素，突破专业群要素协同难瓶颈，落实产业学院人才培养主体功能，打造校企混编应用型教学团队，提升教学团队与课程建设整体水平。项目驱动创新班打破以学院、专业配置教学资源的传统形式，根据项目实施需求灵活配置课程、师资等资源，在更大范围、更宽领域内满足学生个性化需求，促进校企深

度融合。

（二）开创了教学团队跨界与多元联动建设新样板，应用师资有为有位

教学团队是地方高校转型效果的决定性因素之一。项目驱动创新班有效协同校内校外师资，项目实施过程与教学团队组建和磨合过程同步，开创了校企混编、跨界联动教学团队组建的新样板，丰富了应用型教学团队建设路径。围绕项目组建团队、依托项目锤炼团队、完成项目解散团队，该模式将业界育人资源深度融入人才培养，深度呼应产业需求、教师发展、学生成长等多维诉求。从 2014 年开始，先后组建与项目驱动创新班相匹配的应用型教学团队有 162 个，形成“一班一团队”或“一班多团队”格局，5 个校企混编应用型教学团队入选省级教学团队。

（三）开辟了项目实施与课程建设融合新路径，应用课程有量有质

项目驱动创新班将业界需求转换形成相应课程内容，实现了应用元素的高位嫁接和精准嵌入，业界、学生和教师诉求创新性融合。项目驱动创新班因需求而设，形成项目推进与课程开发有效及时的良性互动和深度融合，教师针对具体项目知识、能力和素质进行整体设计，转换形成高质量课程内容，开发基于项目的课程 600 多门，实现课程建设“质”“量”双提升。

五、推广应用效果

“以项目驱动创新班为引擎的应用型人才培养模式构建与实践”的推广与实施，得到学生、家长和社会的多方肯定。

（一）为用育人质量持续提升

一是就业率不断攀升。2016 年以来，学校学生就业率不断提升，从 2016 年 95.10%提升至 98.35%，用人单位普遍反映我校毕业生“下得去、干得好、留得住”。二是学生获奖持续增多。2016—2019 年，学生第一发明人获得专利授权 56 项，连续两年摘得世界机器人大赛 2v2 格斗赛总冠军，斩获具有“设计界奥斯卡”之称的德国“红点奖”、美国 IDEA 国际工业设计大奖，获省级以上奖项 685 项。三是三创教育成效显著。第五届中国“互联网＋”大学生创新创业大赛一银两铜，在“中国大学创业竞争力 500 强”排行榜中，跃居全国高校第 140 名、位居省内高校第 6 名。

（二）校地共生成果丰硕

一是校企深度合作。建立了与产业链紧密对接的 8 个专业群和 10 个产业学院，其中与三钢集团共建“闽光学院”，合作开发国内首台（套）辅助砂轮片自动在线更换系统，填补国内冶金行业智能制造领域空白。二是项目驱动创新班运行稳定。组建了 162 个稳定的项目驱动创新班，服务区域产业和乡村振兴，其中“设计服务三农”成效受到《中国青年报》专题报道。三是应用型师资得到强化。与企业合作编写应用型教材 35 部，“一课双师”覆盖所有专业，“双师型”教师达 520 人，应用型教学团队 162 个。四是服务

地方能力提升。4 年来通过产学研，教师与企业开展技术创新与改革，帮助企业解决实际技术问题 485 项，校地合作项目经费达 2846 万元。五是丰富了应用型人才培养路径。以项目驱动创新班为引擎的人才培养模式在应用实践中形成了 35 篇有关研究论文，获批了省重大教改项目、省社科规划项目等 23 项，对转型期间专业群、产业学院、应用型教学团队、课程和项目驱动创新班在人才培养中协同功能和整合作用等进行了探讨和总结。

（三）影响力美誉度提升

一是兄弟院校学习借鉴。龙岩学院、武夷学院等省内外学校到校交流。二是受邀做典型发言。受邀在全省教学工作会议、产教融合发展战略国际论坛等会议上做典型经验分享。三是政府与社会认可。在该成果的推动下，学校入选福建省示范性应用型本科高校，三明学院-中兴 ICT 学院获批省级示范性产业学院，跻身“全国 50 所创新创业典型经验高校”；与三明市政府签订了产教融合共建协议，充分发挥学校在区域产业发展中的引领作用。四是媒体关注。《中国教育报》《中国青年报》《福建日报》等媒体关注我校以项目驱动创新班为引擎的人才培养模式改革，并对其中典型做法进行了深度报道。

案例实践

ANLI SHIJIAN

基于“价值共创”的旅游类专业产教融合人才培养

基于校企协同的市场营销专业人才培养实践

产教融合背景下财务管理人才培育创新实践

乡村振兴背景下两山理论的实践探索

引企入教模式下的数字媒体人才产教融合培养实践

面向行业特色鲜明的机械类应用型人才培养实践

基于项目驱动的生物技术专业应用型人才培养实践

风景园林专业 VR 设计人才培养实践

产教融合背景下文化 IP 设计类人才培养实践

乡村振兴背景下动漫设计人才培养创新探索

创新创业教育背景下服装与服饰设计人才培养模式探索

数字新传媒环境下传媒专业人才培养路径探索

新业态下应用型跨境电商人才培养模式创新与实践

基于沉浸理论的非师范类学生教师教育人才培养模式探索

项目驱动机制下“414”体医养融合康养人才培养模式探索

基于“价值共创”的旅游类专业产教融合人才培养

——以“金砖(厦门)会晤服务”项目驱动创新班为例

执笔人:林　静

内容提要:“金砖(厦门)会晤服务”项目驱动创新班在产教融合和三明学院“五位一体”应用型人才培养模式改革背景下孕育而生。本项目利用金砖会晤由我校旅游专业校外教学实践基地(厦门国际会议中心酒店)承办的契机,通过团队组建、课程安排、学分转换、质量管理和保障体系建设等措施建立起学校、企业、学生利益共同体之间资源共享、价值共创的协同创新机制,在社会影响、人才培养上取得优异的成绩。项目驱动创新班是深化产教融合的有效载体,推动了产教融合教学平台的建设,对培养适应区域旅游产业发展需求、服务区域旅游产业发展的应用型人才具有实践与指导意义。

关键词:金砖(厦门)会晤;价值共创;机制

2017 年 12 月,国务院办公厅颁布了《国务院办公厅关于深化产教融合的若干意见》(简称《意见》),提出深化产教融合,促进教育链、人才链与产业链、创新链有机衔接。2019 年,时任教育部部长陈宝生在全国教育工作会议上对准教育事业发展中的“深”“难”问题提出了培养产业生力军的改革攻坚行动。三明学院作为地方本科院校,其价值体现在一方面满足了社会对各类人才的需求,另一方面是对学生就业和未来发展尽责,从而为自身的生存发展创造条件。项目驱动创新班利用校、企的资源或优势,有效促进校企合作,助推产教融合,建立优势互补、利益共享的合作模式,同时提高学生实践能力,成为我校人才培养、服务企业、优化人才供给的新引擎。

一、办班背景、意义和思路

(一)办班背景

近年来,三明学院旅游管理与服务教育专业围绕服务旅游产业发展能力需求,突出应用型人才培养,与厦门国际会议中心酒店、福州希尔顿酒店、福州世纪金源大饭店等合作共建,人才培养成效得到业界的普遍认可。我校曾获全国高校旅游服务技能大赛第八届、第九届两届本科组团体一等奖,是福建省唯一获此殊荣的本科院校。毕业生活跃在旅游行业等相关领域,在省内外政府、企业、学校、培训机构等管理岗位上表现优异,广受社会各界好评。

2017 年 9 月,金砖国家领导人第九次会晤在福建省厦门市举办,对福建省厦门市扩大旅游业、提高城市品牌度等方面有极大的好处,也意味着厦门市向更国际化开放性城市发展。这是完善社会服务能力的一次契机,更是国际服务能力的一次检验。厦门建发旅游集团股份有限公司为本次会晤的主要承接单位，会议主要地点设在厦门国际会议中心酒店。厦门国际会议中心酒店是我校旅游专业的实习基地之一，对我校旅游专业的学生评价很高。获知办会信息后，旅游专业与厦门国际会议中心酒店沟通，积极要求参与学习和工作。厦门建发旅游集团股份有限公司管理培训中心李桃总监特意到我校考察，在学校领导和有关部门的大力支持协助下，并经过多方面的沟通和交流，成立“金砖(厦门)会晤服务创新班”。

(二)办班意义

一是社会对专业实践教学改革的认同。2014年以来三明学院旅游管理与服务教育专业进行教学改革，强调实践与理论并重，提出了能力分层导向的“双轨”实践教学体系，实施嵌入式的“3＋1”模式设计、专业协会等第二课堂活动，取得较好的教学效果。“金砖(厦门)会晤服务创新班”的成立说明对旅游专业实践教学的改革得到业界的认可。

二是问鼎高端服务的一次契机。旅游管理与服务教育专业实践教学改革，逐步形成了具有专业特色的实践教学体系，学生在校期间掌握专业知识，多渠道训练实务技能，在参加全国高等院校旅游服务技能大赛上屡获佳绩。“金砖(厦门)会晤服务创新班”的创办，是我校旅游管理与服务教育专业问鼎高端服务的一次契机，也是我校旅游管理与服务教育专业在应用型改革上迈出坚实的一步。

三是体现地方本科院校服务区域经济社会的价值所在。厦门建发旅游集团股份有限公司为金砖国家领导人第九次会晤的主要承接单位，是对厦门建发旅游集团股份有限公司接待服务工作的考验，更是一次全面的提升机会。为做好会晤接待工作，需要大量的高素质人才，建发集团人员不足。三明学院成为唯一的厦门外的支持高校，2017年“金砖(厦门)会晤服务创新班”的成功创办，是地方本科院校服务区域经济社会发展的有力证明，得到业界的高度认可。

四是教学模式改革的新体验。项目驱动创新班的创办，深度挖掘校内外优质教育资源，全方位探索校地、校企、校产等不同的联合育人模式，围绕人才培养目标，校企双方共同实施教学任务，培养创新创业人才，推进创新创业教育与专业教育相结合，促进资源聚合转化、联合育人机制转化、人才培养模式转化和社会服务方式转化。

(三)办班思路

项目驱动创新班的有效运行需要处理好项目设计、课程安排、学分转换、团队组建以及质量管理五个核心环节，其中团队组建、质量管理是难点。该创新班是天元产业学院成立以来的第一次合作，学员来自三个学院：经济与管理学院、体育与康养学院、海外学院。学习时间和工作从2017年6月12日开始到9月7日活动结束，可充分利用学生暑假时间，与学生的暑期社会实践、第二课堂学习相整合；需要协调的主要是短暂的学习考试的时间冲突上，经过多方讨论，学习分为两个阶段，有效解决了办班潜在的困难。师资力量、经费都由学校和企业共同支持。

二、"金砖(厦门)会晤服务创新班"主题内容

(一)建设目标

利用金砖会晤在厦门召开的契机,我校主动融入这个服务项目,建立责任共担、利益共享、责权明晰、协同发展的校企共建机制,以务实服务为内容,充分挖掘大学生社会活动的专业内涵,构建产教融合的课程体系,创新人才培养模式,实现产教融合,培养适应区域旅游产业发展需求、服务区域旅游产业发展的应用型人才。

(二)团队组建

1.学生成员

依托天元旅游产业学院和旅游管理专业群,以旅游管理与服务教育专业为主,融合市场营销、贸易经济、社会体育、商务英语跨专业组合,实现真正产业学院框架下多学科复合型人才培养。本创新班从 2017 年 5 月开始,经过报名、面试、政审、选拔等环节,最后确定 51 名学生参与"金砖(厦门)会晤服务"项目驱动创新班的学习。

2.教学与管理团队

教学与管理团队由三明学院、建发集团酒店管理培训中心共同组建,完成校内外培训任务。培训课程由建发集团管理培训中心总负责,北京北辰会展集团有限公司、钓鱼台国宾馆也在培训的不同阶段派出老师进行授课。

(三)课程安排

创新班活动分为四个阶段:校内学习(图 1)、企业集训、岗位展示、总结表彰,内容涵盖基础餐饮类、仪容仪表、餐中服务、餐饮英语、外交礼仪、茶歇服务、鸡尾酒会、西餐服务等系列课程,以及学生体能与综合素质训练。课程旨在培养学生的高端宴会接待服务理念,协助大学生系统掌握高端接待服务标准。课程的学习让旅游专业的学生对专业有了新的理解和定位。

图 1　校内学习

第一阶段:校内学习

考虑学生正常的学习与期末考试,利用下课时间、晚上时间,安排了一周的理论课(表1),一周实践。培训内容:仪容仪表、基础餐饮服务,以及体能训练。

表1 金砖(厦门)会晤服务创新班课程

星期一	培训时间:18:00—21:30
6月12日	培训用时:3.5小时
18:00—18:30	集训启动仪式
18:30—18:50	集训项目介绍
19:00—20:00	仪容仪表
20:00—21:30	餐中服务——食物和酒水托盘
	餐中服务——传菜(重托)
星期二	培训时间:18:00—21:30
6月13日	培训用时:3.5小时
18:00—18:30	个人卫生(食品卫生类知识)
18:30—18:50	外交礼仪综述
19:00—19:30	餐饮基础英语解读1
19:30—20:00	综述——问候及引领客人
	综述——送客
20:00—21:30	餐中服务——食物和酒水托盘
	餐中服务——传菜(重托)
星期三	培训时间:18:00—21:30
6月14日	培训用时:3.5小时
18:00—18:30	仪容仪表综述(含化妆培训)
18:30—18:50	餐饮基础英语解读2
19:00—20:00	餐前准备——工作台/接受桌准备
20:00—21:30	餐中服务——食物和酒水托盘
	餐中服务——传菜(重托)
星期四	培训时间:18:00—21:30
6月15日	培训用时:3.5小时
18:00—18:30	接待礼仪——欢迎
	接待礼仪——道别
18:30—19:00	餐饮基础英语解读3
19:00—20:00	宴会摆台——咖啡/茶歇

续表

20:00—21:30	餐中服务——食物和酒水托盘
	餐中服务——传菜(重托)
星期五	培训时间:18:00—21:30
6月16日	培训用时:3.5小时
18:00—19:00	接待礼仪——问候、致意
	接待礼仪——行走
19:00—19:30	餐饮基础英语解读4
19:30—20:00	宴会摆台—鸡尾酒会
20:00—21:30	餐中服务——食物和酒水托盘
	餐中服务——传菜(重托)
星期六	培训时间:09:00—12:30
6月17日	培训用时:3.5小时
09:00—09:30	接待礼仪——站立
	接待礼仪——引领和指示方向
10:00—10:30	餐饮基础英语解读5
10:30—11:00	酒水服务——中式茶水的制作和服务
11:00—12:30	餐中服务——食物和酒水托盘
	餐中服务——传菜(重托)
星期日	培训时间:09:00—12:30
6月18日	培训用时:3.5小时
09:00—09:30	工作现场应急员(消防等)
09:30—10:00	接待礼仪——下蹲
10:00—10:30	餐饮基础英语解读6
10:30—11:00	酒水服务——西式茶水的制作和服务
11:00—12:30	餐中服务——传菜(重托)
	餐中服务——携带物品去洗碗间

第二阶段:企业集训

学生在厦门国际会议中心酒店进行封闭式强化学习。培训内容:晚宴服务人员基础餐饮技能类培训、服务礼仪、体能训练、定岗服务技能培训、会议服务演练。

第三阶段:岗位展示

2017年金砖国家峰会期间的宴会服务接待。

第四阶段:总结表彰

召开表彰会,表彰在培训与服务中表现优秀的人员。

（四）质量管理

教学效果评估：为实时掌握培训学员学习状况，并了解授课内容是否切合学员需求，班级会遴选两名同学作为助教，维护课堂秩序，保证课堂效果。培训学员针对讲师授课情形以及自我学习绩效进行满意度调查，以适时调整培训课程内容规划，提供完善且切合学员需求的服务。建立学生考核机制，必须完成任务指标，严格要求，遵守纪律，服从安排。服务圆满结束后将给学生发放培训与服务证书。

（五）保障措施

1.领导重视

金砖（厦门）会晤服务创新班从创立、前期院校协调、培训到宣传工作，都得到学校各级领导的高度重视，兰明尚书记、刘健校长、张君诚副校长、廖景榕副校长分别对创新班做了动员，并派出经济与管理学院副院长、经验丰富的林静副教授做指导老师。培训期间张君诚副校长、廖景榕副校长都分别到基地看望创新班的学员，让同学深切感受到学校领导的关心与支持（图 2）。

图 2　校领导看望创新班学生

2.组织协同

活动得到厦门国际会议中心酒店，三明学院经济与管理学院、体育与康养学院、海外学院的大力支持，各学院领导对参与的同学给予高度关注与支持。旅游管理与服务教育专业全程安排两名专业教师参与培训，并抽调实验室专职人员负责场地管理和物品准备，协助酒店培训，以及开闭幕式、学员动态的管理。

（六）学习成效

1.意志与能力的双重提高

培训与服务时间从2017年6月12日开始到2017年9月6日结束。厦门国际会议中心酒店有限公司从后勤保障到管理为本次培训做了精心安排。学员们经过刻苦和严格训练，在培训合格率达到100%的基础上，顺利通过技能考核，出色完成本次国际级接待服务任务。要达到100%精准服务，看似简单，实则是千锤百炼的结果（图3）。通过本次学习，同学们的政治素养、体质与气质都得到全面的提升；亲身感悟“宝剑锋从磨砺出，梅花香自苦寒来”的喜悦。

图3　勤学苦练

2.成绩突出

金砖（厦门）会晤服务创新班的51名同学，得到了厦门国际会议中心酒店的高度赞扬。虽然培训与学习非常严格辛苦，但同学们思想政治过硬，认真刻苦，学习效果显著：徐文强同学安排在主桌直接服务国家元首；10名同学安排在国宴厅；16名同学安排在核心区茶歇；14名同学在工商论坛茶歇区；10名同学安排在中西餐厅和后勤部。同学们在不同区域直接对各国领导人、政要、商界精英服务，感到非常荣耀，出色完成本次国际级接待服务。同学们自豪地说出了“我们不仅可以服务老百姓，还能服务国家元首”（图4）。

图 4　旅游管理与服务教育专业章航清同学为俄罗斯总统普京献花

3.载誉归来

项目结束后，得到学校的高度肯定，授予金砖（厦门）会晤服务创新班“三明学院大学志愿服务特殊贡献”先进团队称号；授予徐文强等 20 名学生“三明学院大学生志愿服务特殊贡献”先进个人称号（图 5）；授予林静老师“三明学院大学生志愿服务特殊贡献”优秀指导老师称号。

图 5　获表彰学生徐文强发言

三、“价值共创”——项目驱动创新班的反思

（一）项目驱动创新班是产教融合平台建设的推动力

随着产教融合的不断深入，产教融合、校企合作面临的主要问题不是缺少资金及合作对象，而是欠缺一个能够有效整合资源、实现利益共享的平台。产教融合平台是基于市场机会、企业和院校的使命与战略目标，结合共同的愿景，利用各自的资源或优势，建立优势互补、利益共享的合作机制。同时，产教融合平台作为应用型人才培养和院校社

会服务的主要窗口，直接影响着院校服务国家、行业、区域经济的能力，更是院校形成核心竞争力的关键。项目驱动创新班的创办，很好地将企业需求与人才培养融合，有利于解决产教及集群多方的价值观念不匹配、利益共赢不到位问题，建立政策引导、流程重组、创新组织形态等长效机制。会议结束后有 18 名同学继续留在厦门国际会议中心酒店进行教学实习(图 6)。旅游管理与服务教育专业则与厦门建发集团有限公司开展全面合作。

图 6　同学们在厦门国际会议中心酒店教学实习合影

(二)互惠互利是产教融合的原动力

随着社会经济技术的发展，同时伴随着行业竞争压力的日益激烈，企业方逐渐认识到人才的重要性，通过产教融合与校方展开合作，可降低自身的用人成本和人才培养成本，将人才培养纳入产业价值链。对于学校而言，其价值体现在一方面满足社会对各类人才的需求，另一方面则是对学生就业和未来发展尽责，从而为自身的生存发展创造条件。产教融合，就是要双方探索建立基于资源和利益交换的契约精神。搭建项目驱动创新班，从利益的结合点出发，构成新的组合，有效实现双赢。

(三)开放共享是产教融合的协同力

通过项目驱动创新班形成项目共同体，在共同体运行的过程中，着眼于人才培养的差异化与系统性，产业前端后端相关联，教育职前职后一体化，梯次有序、功能互补、资源共享、合作紧密，实现了校企双方资源互通、科研与生产一体。学校教师的科研建立在企业生产上，发挥教师在数据收集与分析方面的优势，为企业解决一些管理、经营上的困惑；在成果共享上，可共同申报省级、国家级课题，联合举办各级学术会议，共同扩大学院和企业的知名度，共同推荐和选拔优秀毕业生或预录员工等。项目驱动创新班的核心是通过资源共享、能力互补形成共同体，以企业为主体推进协同创新，实现资源转化、价值交换和利益共享。

（四）价值创造是产教融合的生长力

项目驱动创新班组织形式的灵活性、实践性、跨界性等特征，可构成各类型的组合，产生新的功能，促进教育教学和人才优势转化为创新优势和产业竞争优势，从内在激发企业合作的意愿并释放发展的潜力；在合作中寻求创新，以实现价值增值和利益的最大化，推动产教融合和专业建设向纵深发展，同时提升旅游管理与服务教育专业的核心竞争力，推动高校更好地服务区域经济、行业的快速发展。

七、结　尾

“金砖（厦门）会晤服务创新班”是按照专业群建设的要求，打破校内专业壁垒，突出联合培养导向，积极与业界合作，联合培育产教融合平台，将酒店高端接待服务创新班打造成产教融合培养应用型人才的品牌模式，突显了创新应用型人才培养特色。创新班在运行过程中，积极对接行业和职业标准，以创新创业为导向，改变应用型课程体系设计，整合学校和社会优势资源，用产业思维培养行业急需的高素质应用型人才，着力提高联合培养人才的质量，充分发挥高校智库作用，增强地方本科院校高素质应用型人才输送功能，助推区域旅游产业转型升级。

基于校企协同的市场营销专业人才培养实践

——以“新零售”项目驱动创新班为例

执笔人：李明骞

内容提要：本文主要以“新零售”项目驱动创新班为例，介绍了创新班的运行模式与实施过程，发现运行过程中存在的问题，并提出相应的解决措施。同时通过总结经验，为“新零售”创新班建设奠定坚实的基础，并对未来创新班的发展提供更好的保障。

关键词：产教融合；运行模式；项目驱动创新班

一、引　言

随着社会经济的快速发展，我国人才培养供给侧与产业需求侧存在的结构性矛盾凸显。2017 年 12 月国务院办公厅印发《关于深化产教融合的若干意见》，指出深化产教融合，促进教育链、人才链与产业链、创新链有机衔接，是当前推进人力资源供给侧结构性改革的迫切要求，对新形势下全面提高教育质量、扩大就业创业、推进经济转型升级、培育经济发展新动能具有重要意义。

三明学院作为福建省示范性应用型本科高校，多年致力于应用型人才培养的创新研究和实践，逐步探索建立了专业群、产业学院、项目驱动创新班、应用型教学团队和课程“五位一体”的应用型人才培养新模式。项目驱动创新班是其中重要一环。经济与管理学院“新零售”项目驱动创新班依托电子商务专业群（包括电子商务、市场营销、物流管理等专业）设立。电子商务是利用现代网络信息技术进行的商务活动，涵盖信息交换、售前售后服务、销售、电子支付、物流配送等。随着电子商务的发展，电商逐渐形成一条涵盖营销、支付、物流、金融服务的产业链。新零售，即企业以互联网为依托，通过运用大数据、人工智能等先进技术手段并运用心理学知识，对商品的生产、流通与销售过程进行升级改造，进而重塑业态结构与生态圈，并对线上服务、线下体验以及现代物流进行深度融合的零售新模式。

随着互联网技术发展和零售业态的变化，市场营销专业人才培养紧随产业需求的变化，依托区域优势产业，积极开展校企合作，设立“新零售”项目驱动创新班，共同培养应用型人才。

二、相关背景介绍

“新零售”创新班组建主要依托厦门安踏电子商务有限公司“安踏电商客服技术服

务"项目。安踏集团是一家专门从事设计、生产、销售运动鞋服、配饰等运动装备的综合性、多品牌的体育用品集团。公司创立于1991年,经过30年的发展,安踏集团已经从一家传统的民营企业转型成为具有现代化治理结构和国际竞争能力的公众公司。从2015年起,安踏集团一直是中国最大的体育用品集团,市值在2019年8月超过了1700亿港币,位列全球体育用品行业第三位。每年的"双十一"活动,安踏集团都面临巨大的电商客服人员缺口,企业季节性人才需求促成了三明学院"新零售"项目驱动创新班的成立。创新班主要开展电商客服和电商运营两个方向的人才培养,校企合作包括理论课程和企业实训两个方面。理论课程主要由安踏企业人员讲授"爆款产品运营思路""电商数据分析""消费者画像"等课程,企业实训主要包括"双十一"客服服务、商品数据分析、电商运营等实操性工作。学生们通过理论课程的讲授,了解行业发展趋势,了解鞋服产品基础知识,树立行业经营思维;通过客服实训掌握商务沟通技巧、客服服务技巧、团队协作能力,提高挫折承受力和自我控制力;通过后期数据分析,了解消费者行为,提高数据分析能力;通过电商运营实习,掌握商品采购、活动安排、店铺运营管理能力。"新零售"创新班学生通过修习,能够独立面对各种职场问题,提高发现问题、分析问题、解决问题的能力。

三、主题内容

(一)项目驱动创新班构建

1.精准定位,对接区域优势产业

产教融合需要教育链与产业链的无缝对接,选择怎样的企业进行对接是产教融合能否顺利运行的关键。市场营销专业在多年实践教学的基础上逐步摸索出筛选适合企业的规律,即区域优势产业中的优质企业是产教融合的最佳对象。

2.精心谋划,对接各方需求

产教融合涉及学校、企业、学生三方利益及需求,项目驱动创新班的设立需要尽量对接各方需求,以实现创新班的长期运行。企业方的需求往往以季节性人才需求为主,学校方以培养学生能力为主,学生方以学习职场技能、实践体验、就业等需求为主。学校方是校企合作的主要设计者,通过与企业的接洽,分析企业需求,协调各方需求,设置合作项目。合作项目是产教融合的核心。只有将产业链的需求与教育链的需求进行较好对接,才能建立长期校企合作关系。

3.校企协同,共育致用人才

项目驱动创新班在运行过程中,针对项目所需的相关知识,校企共同设置培养方案、设置符合产业需求的专业课程、设置专业实践活动、引进企业导师、改革评价体系,让学生在参加创新班的过程中熟悉行业,掌握行业技能,领会行业运营思维,提升应用能力,为就业或创业打下良好基础。

(二)"新零售"项目驱动创新班运行模式

1.教师团队

"新零售"创新班的师资主要由校内师资和企业师资构成。校内师资主要为市场营销、电子商务、物流管理专业的老师，校外师资主要为厦门安踏电子商务公司的中层管理人员、企业内训师、各部门骨干员工，包括电商客服总监、运营总监等。

2.运行模式

“新零售”创新班从大三开始组建，先按行政班进行组织，利用周末时间开展相关理论培训，并参加当年为期三周的“双十一”客服售前实训，进行线上售前客服业务培训；大三暑期，按照个人意愿报名参加“新零售”创新班，暑假期间进入企业接受职场培训并学习售后客服知识；大四上学期完成校内理论课程后，到企业参加为期两个月的客服售后实训；大四下学期，到企业电商运营岗位进行轮岗实习，如图 1 所示。

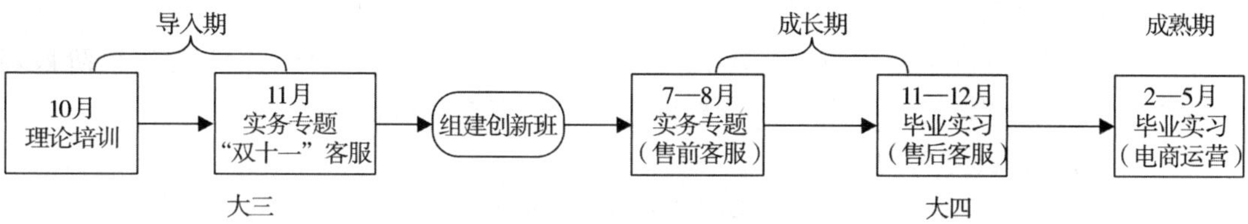

图 1　创新班运行模式

3.创新班相关活动与课程置换

以 2015 级—2017 级参加创新班的学生为例，创新班的相关活动安排见表 1 和表 2，通过在不同时间，分不同层次的学习，达成创新班教学目的。

表 1　“新零售”项目驱动创新班活动

时　间	内　容	地　点	班　级	人　数
2019.2—5	电商运营工作	安踏电商运营中心	15 市销	3
2019.2—5	电商售后客服	安踏电商客服中心	15 市销	1
2019.7—8	电商售前客服工作	安踏电商客服中心	16 市销	19
2019.10	电商客服售后理论学习	安踏电商客服中心	16 市销	12
2019.11—12	电商售后客服工作	安踏电商客服中心	16 市销	12
2019.10	电商客服售前理论学习	三明学院	17 市销	38
2019.11	电商售前客服工作	三明学院	17 市销	38

表 2　“新零售”项目驱动创新班课程体系

序　号	课程名称	学　分	学　时	课程能力定位	考核方式
1	产品基础	0.5	8	行业知识	理论
2	服务基础	0.5	8	服务能力	理论
3	平台使用	0.5	8	行业知识	理论
4	售前流程	0.5	8	行业知识	理论
5	售后服务	0.5	8	行业知识	理论
6	职场素养	0.5	16	团队沟通协作能力	实操

续表

序　号	课程名称	学　分	学　时	课程能力定位	考核方式
7	电商数据分析	0.5	16	市场调查、数据分析能力	实操
8	电商软件使用	0.5	16	软件应用能力	实操
9	暑假客服实训	1	128	电商售后服务、沟通能力、抗压能力	实操
	合计	5	216		

(三)“新零售”项目驱动创新班实施过程

“新零售”项目驱动创新班主要活动可以分为导入期、成长期、成熟期三个阶段，涉及17级市场营销、16级市场营销、15级市场营销三个年级。

1.引企入校(导入期)

项目驱动创新班的导入期主要以“双十一”活动为主，导入期分为理论学习和实务操作两个阶段，理论学习主要以了解行业发展趋势、掌握产品基础知识为主；实务操作主要以学生上机实操、企业师资带教为主。

(1)企业导师入校授课。

企业理论培训分别在10月12日、26日和27日开展，此部分主要由安踏电商派企业讲师入校开展理论知识培训(图2)，主要内容包括企业文化、鞋服产品知识、电商客服接待知识及客服营销知识，目的是让学生能够理解安踏产品在目前电商平台上的基本状况，主流电商平台流程，为之后的实操培训打下基础。

图2　安踏讲师机房授课

(2)电商客服售前实训。

通过理论知识的学习后，17级市场营销同学于11月1日进入第二阶段理论应用实践，至11月20日结束(图3)。本部分学习的目的是让学生能够将理论学习的知识应用于实际客服营销。学生主要学习的内容有主流电子商务平台业务规则学习、天猫平台、千牛工具的后台查询与操作、电商客服营销话术(MOC 销售)、电商客服服务规则,掌握与顾客沟通的技巧,提高问题定位能力,提高解决问题能力。

图 3 学生“双十一”客服实训

2.暑假职场训练(成长期)

项目驱动创新班的成长期是在学生对电商行业有所了解的基础上进行人员筛选。以 2019 年为例,参与过 2018 年“双十一”的 2016 级市场营销专业同学,在 2019 年 6 月大三暑假期间进行遴选,组建创新班,学生自愿报名,参加为期两个月的暑假职场训练,通过在企业上岗实习,全面掌握电商售后客服的技能。该创新班共 19 人参加(图 4)。

图 4 创新班启动会

7—8 月暑假期间,企业开设了电子商务业务类、职场素养类、数据类等理论课程培训。公司对实习生进行为期三天的入职培训,明确了实习目的、实习内容,包括鞋服类的专业知识和客服售后知识等，同时为每个实习生分配一个带教导师。

2019 年 10—12 月，12 名 2016 市场营销同学进入安踏客服中心售后岗位，进行为期两个月的客服售后实习。入职后，同样进行了岗前培训，企业导师讲解了每个模块的权限和处理方法，让同学们进一步了解了电商行业背后的行业逻辑，了解客服工作的整体流程，很多在原先售前工作中不理解的问题经过整体客服工作的讲解后豁然开朗。培训后学生在带教导师的带领下开始客服售后工作，和售前岗位相比，不一样的岗位有着不同的处理方法和权限，同时，本次实习经历了“双十一”这样的重大节日，让同学们对紧张、激烈的市场有了更加深刻的认识。

“新零售”创新班培养计划见表 3。学生培训课程记录表例如图 5 所示。

表 3 “新零售”创新班培养计划

学员：三明学院市场营销专业大四学生　　计划人数：30 名
地点：安踏集团电商客户服务部（晋江）　　总计学时：326 课时

第一阶段　7—8 培养计划

序号	类别		课程名称	时间	讲师	学时数
1	电子商务业务类	客户服务售前	客服基本素质和服务接待礼仪	7 月 wk1	安踏内训师	1 课时
			千牛及咚咚工具的使用	7 月 wk1	安踏内训师	1 课时
			客户备注交接的使用	7 月 wk1	安踏内训师	1 课时
			MOC 销售流程	7 月 wk1	安踏内训师	1 课时
			天猫日期活动规划讲解	7 月 wk1	安踏内训师	1 课时
		客户服务售后	物流异常的常见类型处理	7 月 wk1	安踏内训师	1 课时
			错发漏发内外不符类型处理	7 月 wk1	安踏内训师	1 课时
			鞋服质量问题判定及赔付标准类型处理	7 月 wk1	安踏内训师	1 课时
			异常售后的安抚解释	7 月 wk1	安踏内训师	1 课时
		商品知识	鞋服基础商品知识	7 月 wk2	安踏培训组	1 课时
			安踏商品尺码知识	7 月 wk2	安踏培训组	1 课时
			样品间及仓库发货见习	7 月 wk2	安踏培训组	4 课时

第二阶段　“双十一”狂欢节实习及带教

序号	地点	工作内容	具体方向及收获	时间	人数
1	安踏电商客户服务部（晋江）	“双十一”售后服务	参与电商行业最大的年度庆典活动，学习了解大促期间品牌营销模式，商品布局，及服务流程，为消费者提供极致售后服务体验的同时，实践暑期学习内容，了解电商行业运营机制	2019 年 11—12 月	20 人

续表

序号	地点	工作内容	具体方向及收获	时间	人数
2	三明学院分会场	“双十一”售前组长	参与高校“双十一”大促合作的人员管理，作为带教小组长，协助品牌管理人员，将暑期培训内容转化为实操知识体系落地，带动更多学生拓展电商知识内容，感受大促营销模式、商品布局及服务流程	2019 年 11 月	10 人

第三阶段　正式实习期

序号	地点	实习岗位	时间	人数
1	安踏电商客户服务部（晋江）	服务专员/数据专员/会员营销专员/直播主播	2020 年 1—6 月	不限
2	安踏电商运营部（厦门）	运营助理/网页设计专员/营销专员		

实习期结束可申请转为安踏集团正式员工

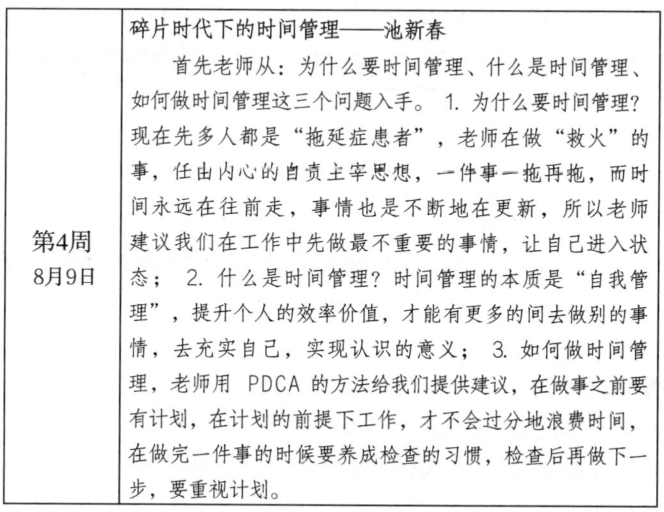

第4周 8月9日	碎片时代下的时间管理——池新春 首先老师从：为什么要时间管理、什么是时间管理、如何做时间管理这三个问题入手。 1. 为什么要时间管理？现在先多人都是“拖延症患者”，老师在做“救火”的事，任由内心的自责主宰思想，一件事一拖再拖，而时间永远在往前走，事情也是不断地在更新，所以老师建议我们在工作中先做最不重要的事情，让自己进入状态； 2. 什么是时间管理？时间管理的本质是“自我管理”，提升个人的效率价值，才能有更多的间去做别的事情，去充实自己，实现认识的意义； 3. 如何做时间管理，老师用 PDCA 的方法给我们提供建议，在做事之前要有计划，在计划的前提下工作，才不会过分地浪费时间，在做完一件事的时候要养成检查的习惯，检查后再做下一步，要重视计划。

图 5　学生培训课程记录示例

3.毕业实习(成熟期)

2019 年 2—5 月，经过层层筛选后，2015 级市场营销 4 名同学进入最后毕业实习阶段，1 名同学以售后组第一名的成绩留在安踏客服中心售后部门，另外 3 名同学经过面试进入安踏运营中心实习，最终通过企业考核，7 月份顺利入职安踏电子商务有限公司，分别就职于客服部、运营部。

2019 年 8 月，4 名同学参加了安踏企业大学组织的“新势力”第二十期新员工集训营，在培训过程中 3 名同学表现优秀，获得团队冠军的荣誉（图 6）。

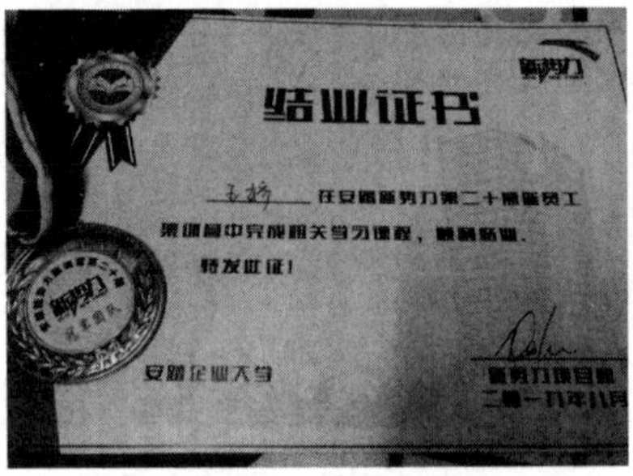

图 6　入职学生的荣誉奖状

四、结　尾

“新零售”项目驱动创新班以“安踏电商客服技术服务”项目为依托，通过三年的运行，获得了一些经验和想法，总结如下。

(一)指导思想

“新零售”项目驱动创新班以培养“新零售”人才为目标，通过学校、企业、学生三方协同合作，以企业实际项目为依托，按照产业链设置实践阶段，理论与实践相结合，培养学生发现问题、分析问题、解决问题的能力。

(二)成　效

1.校企协同共育致用人才

经过多年的项目探索与实践，项目驱动创新班运行模式逐渐成熟，通过校企共同设置培养方案、开设企业课程、引进企业导师、创新考核评价方式，培养了一批具有行业营销能力的应用型人才。

2.学生获得职场能力

学生通过项目驱动创新班学习，不仅了解了行业知识，还获得了企业岗位动态性知识与技能；通过实践培训获得了职场体验，提升了职场能力，为将来就业打下良好的基础。

3.企业获得良好业绩和优质人才

经过多年校企合作证明，企业在校企合作中获得了良好的经营业绩和优质合格的人才。以“新零售”创新班为例，创新班在每年的“双十一”活动中均较好地完成企业任务。

(三)存在问题

1.理论到应用存在鸿沟

项目驱动创新班主旨在于理论与实践相结合，但还存在较大不足。目前，企业侧重实践技能的讲授与实操，涉及的理论知识不足，而学校教师对企业岗位实操技能了解、掌握不够，无法详解理论如何应用于实践，这是我们亟须思考及解决的问题。

2.校企融合深度与广度不足

项目创新班以项目为依托，在与企业实务项目对接中存在合作层次不高、合作深度不够的现象。本项目创新班计划从售前客服——售后数据分析——运营管理等岗位进行训练，但由于实训中涉及数据等商业机密，如数据分析等项目难以完成，相应的教师科研项目难以开展。另外，合作的层次不高，无法形成短时间轮岗，难以从广度上对学生能力进行全方位的训练。

3.参与学生数量少，积极性不高

每年创新班学生数量仅10～20人，主要原因是合作的深度不够，学生只能做一些表面工作，普遍感觉实训内容过于单一。

（四）改进措施

(1)加强校企融合，加强沟通交流，促成更高层次的合作交流。

(2)加强教师培训，鼓励教师参与企业实践，打通理论到应用的桥梁。

(3)完善课程体系，形成课内外理论知识互补，实践岗位内容丰富的创新班课程体系。

(4)将教师科研与企业项目结合，指导学生开展相关课题研究，撰写毕业论文。

总体而言，创新班使得学生学到了很多在课堂上学习不到的知识，参加学生纷纷对项目驱动创新班的举办表示肯定。

项目驱动创新班建设，为三明学院探索应用型人才培养奠定了坚实的基础，是学校专业群、产业学院、项目驱动创新班、应用型教学团队和课程“五位一体”应用型人才培养模式的重要环节。希望通过不断的努力，创新运行模式、改革体制机制，取得更辉煌的成果。

产教融合背景下财务管理人才培育创新实践

——以“立铭财务会计师培育”创新班为例

执笔人：叶　宁

内容提要：为落实三明学院专业群、产业学院、项目驱动创新班、应用型教学团队和课程“五位一体”应用型人才培养战略要求，三明学院经济与管理学院协同立铭财务（神州顺利办三明分公司），联合组建执业会计师培育创新班。该创新班以立铭财务公司的日常主要业务与项目为案例样本，导入校外导师和校内专业教师，创新校企合作新模式，通过真实和紧贴行业需求的案例教学、实践操作和专业指导，为学员提供执业会计师的实训课程和实际操作训练，补充和强化财务管理专业课程，弥补课内实训与行业脱节、更新不足和亟须实践指引的需要。

关键词：执业会计师；实践培育；行业指导；创新人才

一、引　言

根据三明学院专业群、产业学院、项目驱动创新班、应用型教学团队和课程“五位一体”应用型人才培养战略要求，经济与管理学院财务管理专业结合文科类专业教学与人才培养实际，广泛征求用人单位、管理部门和先进院校经验，为三明学院财务管理专业人才发展设置专业会计师培育发展项目。

2020年疫情减缓时期，在进一步推进产教融合、服务地方的学校发展战略下，三明学院财务管理专业积极对接全国最大会计师事务所（上市公司），立铭财务（神州顺利办三明分公司），开展校企合作、协同育人事项洽谈，并在当年9月份师生返校的第一周，开始执业会计师产教融合人才培育创新班的相关工作。该创新班主要用以打破我校文科专业理论教学过多、实践操作弱化、管理创新能力不足的迫切问题，主要通过引入立铭财务公司的主要日常业务与项目为案例样本，导入校外导师和校内专业教师，创新校企合作新模式，通过真实和紧贴行业需求的案例教学、实践操作和专业指导，为学员提供执业会计师的实训课程和实际操作训练，补充和强化财务管理专业课程，弥补课内实训与行业脱节、更新不足和亟须实践指引的需要。

二、相关背景介绍

“立铭财务会计师培育”创新班对项目合作伙伴进行了严格的筛选，在方便学生实践和校外导师教学的前提下，提前与数十家会计师事务所、代账公司和国有企业会计部门联络，经严格和审慎的比较，选定了神州顺利办(股票代码：000606)三明分公司作为创新班合作伙伴。

该事务所是国内仅有会计行业上市公司之一，也是三明市唯一的会计行业上市企业，其主要合伙人和校外导师具备上市公司财务处理、审计和涉法会计事务处理资格，主要客户群定位于三明全市大中型上市企业和高端公司单位，主要业务范围覆盖冶金、机械、日化、百货、农业、房地产和政府部门等数百种行业，在高新技术企业的账务处理和审计方面有着明显的优势。

在创新班开办前期，三明学院财务管理专业已通过实习和假期实践等实际工作方式，较深入地与神州顺利办公司开展合作，学生和教师参与到多个重大财务账务处理项目中。近年来的成功案例包括：2016 年三钢小蕉集团与合作企业的虚开增值税票分析和脱罪处理项目，2018 年的浙江丽水大型房地产国企账目舞弊处理案件，2018—2019 年三明市财政系统内部控制体系建设项目等。在长期合作的基础上，项目合作双方逐步开展银企入校的工作探讨，在全面引入和开展执业会计师培育、人才筛选和基础技能引导方面开展合作。

首先，立铭财务公司结合实际工作需求和教学需要，积极为学生开设上岗、顶岗和假期实习的实践条件。从“校企合作”为学生构建多元化的实践平台，学生可以从理论知识与实践相结合的角度，真正意义上将所学的理论知识和实践应用相匹配，不断实习检验，做到“学以致用”。

同时，通过三明学院优秀校友联谊会的形式，发挥我校校友与学校合作的作用，共同促进三明学院的应用型人才培养模式，持续发挥学校和企业合作作用，为优秀学子提供实践平台，更好地发挥高素质人才培养基地的作用。

其次，该创新班的基本指导思想是“学以致用”和“做中学”，即通过岗位实操、项目应用、教师指导、课程跟踪和企业评价等方式，在学习和应用中更好地理解所学内容和知识。实践教学是项目开展的基础，也是三明学院应用型本科连接“学以致用”和“做中学”的纽带，是实现“学”与“用”相长的平台。以服务为宗旨，以就业为导向，采用校企合作人才培养模式，突出实践能力的培养，深化校企合作融合度，更新教学理念，依托企业行业优势，充分利用教学资源，建立校企深度合作、紧密结合，优势互补、共同发展的合作机制，达到“双赢”的目的。

再次，该创新班是把创新型实践教学中的实验模块穿插在理论课的学习过程中，通过实地教学指导、网络平台建设和学徒制探索，让学生能自主地进行验证性和体验性实验，更能体现实时、动态的特点。创新型实践教学中的实训模块放在理论课结束之后，借助合作企业的内部导师，项目带动和实践教学等方式，对学生进行课程综合实训和专业综合实训。实习模块分阶段进行，采取校内仿真实习和校外定岗实习的方式，对学生进行专业素质和综合能力的拓展训练。

通过不断完善的教学指导方式，持续优化应用型人才的“定向”培养模式。创新班运行过程中广泛设立财务管理、会计应用、出纳流程、技术支持等多类岗位，通过全国范围的项目执行，突破传统的企业实习对工作地点的区域限制，以满足不同城市、不同地区学生的就业需求，使学生可以直接接触并学习到与其专业和兴趣匹配的职业岗位知识和技能，达成供需共识，签订人才培养协议书，实现大学生从学校到社会的无缝衔接。

在定向人才培养的基础上，加强顶岗实习模式的教学支持作用。在实习实践过程中，引导学生增进对财务工作、岗位职责、沟通联络和企业文化的了解，掌握财务操作的基本知识、实践技能及职业基本素质，根据学生个人职业发展规划，并结合企业实际需求，在校外实训基地开展教学实习和实训，在不同部门指导下实现轮岗实操培训，尽快熟悉一线相应岗位的实际操作标准与要求，提升职业岗位技能，做到与工作岗位“零距离”对接，为日后正式入职奠定坚实基础，拟定就业岗位，以“准员工”身份进行顶岗实际工作。

最后，通过本项目的有效运营和创新实践，进一步落实学生参与实习的预期获得能力。通过职业规划、职业道德课程培训，有助于他们确定职业目标，选择职业道路；通过项目操作、企业财务管理等课程，在行业认知和专业知识学习上有了更深刻的理解，并在后续的岗位实习中有实质性作用；通过团队活动、素质拓展等培训，提升了学生的团队精神及合作意识，同时增强了创新班同学彼此之间的了解和友谊；同学们可以在实践中接受有关理论知识和技能的培训，加强提升执业会计师的专业性、技术性和道德水平，更好地推进应用型人才的培养。

三、主题内容

（一）详尽的开班前宣导及筛选工作

1.积极的宣导工作

在本项目开展的初期阶段，为克服我校财务管理专业同学专注于公务员、事业单位和单纯职业资格考试的认识不足，在财务管理专业叶宁老师和立铭公司团队的配合下，于 2020 年 9 月第一周开始，分批次组织经济与管理学院、海外学院和海峡理工学院的二年级以上同学，在厚德楼的阶梯教室等地举办了五个场次的针对性宣讲活动，吸引了三个学院不同年级近 500 名同学的积极参与。

2.卓有成效的学员筛选工作

限于创新班人数、同学意愿和企业指导的要求，每次宣讲后都即时开展学员的筛选工作，通过申请表、意愿材料和遴选面试等环节，充分接触各报名学员，集合校外导师和校内教师意见，挑选出了学习意愿强、会计职业明确和综合成绩佳的优秀学员。

（二）全面创新的执业资格培育课程

1.长期坚持的课程培训

创新班坚持每周定时开班，10 月份安排在每周三，由创新班统一向学校申报校外导师入校申请，以及博学楼 304 机房使用需求，协调周三下午的其他课程安排，有力保障了创新班的课程开展(图 1 至图 5)。

2020 年 11 月至期末，考虑到周三下午的课程匹配难度，创新班日程及时调整为周六全天开课。通过课程时间的有效调整，保障每周课程进度。

寒假期间也提前安排了班级学员参与实践，通过推荐，班级 15 名同学参与了本地及福州和厦门等地的实习学习，并基于已有的会计实操培训，进入实习阶段的学员都直接进入各事务所开展实务操作，避免了整理文件、操作杂务的简单实习要求。

图 1　会计的职业人生授课场景一

图 2　会计的职业人生授课场景二

图 3　会计的职业人生授课场景三

图 4　立铭财务——三明学院会计实践班一期合影

图5　立铭财务——三明学院会计实践班二期学生实操指导

2.人才培养与提前筛选相匹配

就业选择与人才输送是应用型本科教育的主要目标，我校教育教学与应用型人才培养长期存在以课本为主、以授课为主，学习内容与实际工作内容脱钩等培养问题。项目驱动创新班坚持“提前导入企业、提前筛选人才、提前培训技能”的创新人才培养思路，将银企等财务管理专业亟须的企业实际工作引入学校，按“一是实际案例演练，二是实操工作同步，三是就业方向选择”的人才培养步骤，首先让财务管理专业同学在学习阶段熟练掌握实际会计操作技能，接触实际会计工作，熟悉事务所业务及管理模式。目的就是让学生在毕业前具备基本的技能，毕业时能够有挑选企业的底气，建立学生选老板而不再是老板选学校的创新能力。

（三）持续深入的执业资格培训

1.持续开展长久深入的培训工作

会计职业生涯是一个漫长和积累经验的过程，在上学期积极的实际会计操作能力、实务账套操作和实习训练后，创新班的学员只是积累了基本的会计操作技能。新学期伊始，刚刚结束学期初的疫情防控工作后，创新班又开始了新一轮的培训工作，校外导师进入、课程设计、机房申请、校内教师跟班的工作正有条不紊地开展，预期将为创新班的学员提供更深入和更有效的培训内容和实践机会。

2.更广泛的银行、税务、企业和财务接触

在两学期的正常培训基础上，本学期和未来一段时间，创新班将一方面对学员进行深入筛选，对符合实务操作的学员设立更全面完善的实践操作计划，让学员从跟班事务所人员开始，到半独立操作，再到直接独自操作；另一方面，分批分类地组织学员进入银行查流水，进入税务学报账，进入企业学财务，进入事务所了解审计等，从实际出发，更广泛而全面地让学员进入各部门和单位的实际工作岗位，真正接触和培养执业会计师所需要的技能和沟通等能力，为创新的实际成效创造条件。

四、结　尾

执业会计师培育创新班是针对我校文科专业实践少、理论教学枯燥和毕业后重新培训的迫切问题，所进行的全新尝试；是为了适应当前银企入校园、虚假仿真技术相结合、实务工作与培训相匹配的创新培育尝试。

在当前大学教育偏论文、偏资格证书和放松学员管理的环境下，通过本次创新班的探索和实践，积极寻找对接企业，对接实务，对接就业的应用型人才培养道路，摸索校企合作与回馈教学，以及促进师资队伍培养的有效道路，当前的工作极具重要性和意义，同时也对大学教师的工作能力、热情和尝试提出了更高的要求。

附件：

“立铭财务会计师培育”创新班管理办法

为进一步提升财务管理专业学生的会计实务技能，由校企双方合作开设项目驱动创新班。为规范创新班学生实践教学活动，制定本办法。

一、团队结构

该项目团队是三明学院指导下，执行校企合作协议，在经济与管理学院和立铭财务公司共建的实践基地开展实习教学活动，所有活动应符合国家法律、法规和会计准则和相关制度。项目团队需要根据实际需要，预告设置多个实习实践小组，由带班教师和企业导师共同指导开展实践学习。

二、项目成员资格

项目成员由通过公开选拔考核合格的财务会计相关专业大二以上学生组成，学期平均成绩要在班上排名前50%，在校期间各方面表现优秀的学生。

三、选拔要求

项目团队成员的选拔坚持公开、公平、公正的原则：

(1)召开组织动员会议，接受学生报名。

(2)录用考试前由校企协议双方共同组织开展相关知识培训。

(3)校企合作双方共同根据题库出卷进行业务笔试。

(4)根据笔试成绩排名，公布面试入围名单；校企协议双方联合面试评分。

(5)根据笔试分数与面试分数的加权分数排名，确定拟录用名单并及时公示，公示无异议后，最终确定录用人员。

四、过程管理

1.项目学员岗前培训和实习

由立铭财务公司针对财务操作审核程序、财务系统软件等程序性、工具类等举办的培训，如账务系统、网上查询系统介绍、预算及项目类型识别、审核经验交流等。岗前培训后，新一届分批次安排到立铭财务公司跟岗学习1个月左右时间。之后，分配到各个项目小组，由本组带队老师(立铭财务公司人员)带队指导，在预审工作中进行实习，并协助处理相关财务实践工作。

2.学员上岗开展实习

各个小组学员经过跟组实习后，大二上学期至大四上学期为正式工作期，即每周按实际时间到分配的岗位上进行实习，按照校企协议和公司相关管理规定，进行财务实习实操，并对实习实操的工作内容进行记录并集中带回立铭财务公司，并与立铭财务公司对应人员做好工作交接。

正式实践工作期间实行签到考勤制度，并根据《项目学员勤工助学补贴及考勤奖励办法》对参与实习实践工作的项目学员给予一定的勤工助学补贴、满勤奖励、年底考核优秀奖励、组长超工作量补贴。

正式实践工作期间实行中期、年终考评制度。中期考评按中期操作考核和平时成绩各50%进行打分；年终考评以中期考评50%、平时20%、教师评价20%、实践成绩10%的比例，形成最终考评分。立铭财务公司为没有参加校外实习的大四项目学员提供为期1～2个月的顶岗实习机会，由项目学员自愿报名，统一安排实习期。

五、退出机制

如学员缺勤率达20%，则将淘汰出创新班。

六、其他

本规定由三明学院经济与管理学院、立铭财务公司共同解释。

乡村振兴背景下“两山”理论的实践探索

——以“紫云·鸟生态”项目驱动创新班为例

执笔人：杨红梅

内容提要：“紫云·鸟生态”项目驱动创新班在生态资源丰富的三明市明溪县进行为期两年的观鸟生态旅游方面的调查、学习，通过参加“青年红色筑梦之旅”、“生态嘉年华进校园”、“互联网+”大赛等活动，在“两山”理论的指导下，创造了全产业赋能的“造血式”振兴模式，用实际行动践行“绿水青山就是金山银山”的共享发展理念。

关键词：生态；观鸟；环保

党的十九大报告指出：必须树立和践行“绿水青山就是金山银山”的理念。习近平总书记曾深刻地指出，生态资源是福建最宝贵的资源，生态优势是福建最具竞争力的优势，而拥有“中国最绿省份之最绿城市”美誉的三明市正努力释放出最大的生态红利。

一、相关背景

三明市明溪县地处福建省龙栖山、闽江源、君子峰三个国家级自然保护区的结合部，生态系统复杂多样，生物多样性丰富。它处在国内全球三大鸟类迁徙的重要通道之一的东亚—澳大利亚路线上，是亚洲东部鸟类迁徙的重要停歇站和夏候鸟的重要繁殖地，每年近百种候鸟在这里停留，是我国鸟类资源最为丰富的县市之一。

“紫云·鸟生态”项目驱动创新班以践行绿色、生态、环保、健康新理念，吸纳不同专业的同学走进乡村，通过现场调研、生态监测、主题宣讲等将环保理念带到村民身边，探索绿水青山变成金山银山的具体路径，培养学生成长为掌握专业知识、技能、创业知识和创新思维的多元化人才，培养学生主动适应国家经济社会发展和人的全面发展需求，提升自觉投身乡村助力乡村振兴的意识和能力。

二、主题学习内容

教学实施过程以创新为驱动，以问题为引领，通过教师创设问题情境，引导学生分析问题，自主设计，探究问题，并进行延伸拓展，提升实践教学效果。

（一）成立“紫云村大学生生态扶贫服务中心”

为了提高村民鸟类及生态保护意识，解决村民贫困问题，项目成立“紫云村大学生生态扶贫服务中心”，并以此为依托因地制宜开展国际认定为最生态的旅游形式之——

观鸟生态游，创造了全产业赋能的“造血式”振兴模式。

（二）挖掘当地资源

紫云村拥有国家一级重点保护动物黄腹角雉、白颈长尾雉，国家二级保护动物白鹇，全球濒危物种白眉山鹧鸪等珍稀鸟种（表 1），以“人工促进自然更新”的方式，如对区内部分人工针叶林进行更新改造，以促进阔叶林的恢复等改善鸟类的栖息环境，及时了解和掌握区域内的生态环境变化，确保旅游与生态并重。

表 1　独有鸟类资料

图片展示	鸟种名称	资料介绍
	黄腹角雉	➢《世界自然保护联盟》(IUCN)2016 年濒危物种红色名录 ver 3.1 ➢国家一级重点保护鸟类 ➢其独特的吐肉裙炫耀求偶，对研究鸟类进化具有极高的科研价值 ➢被誉为“鸟中大熊猫”，是明溪县的生态金招牌 ➢ 2002 年中国鸟黄腹角雉邮票
	白颈长尾雉	➢《世界自然保护联盟》(IUCN)2012 年濒危物种红色名录 ver 3.1 ➢国家一级重点保护鸟类 ➢被誉为“竹林仙子” ➢中国特有鸟种
	白鹇	➢列入《世界自然保护联盟》(IUCN)2012 年濒危物种红色名录 ver 3.1 ➢国家二级重点保护动物 ➢是中华民族图腾凤凰的原型

续表

图片展示	鸟种名称	资料介绍
	白眉山鹧鸪	➤《世界自然保护联盟》(IUCN)2012年濒危物种红色名录 ver3.1 ➤中国东南部特有种类 ➤被誉为“深林神秘鸟”

(三)发挥鸟类优势,发展观鸟产业

通过政校企地合作,进一步整合优质资源,转变生态发展模式,运用科学的布景技术、保育技术等与村民一起建立稳定观测点,不仅解决了村民乱搭乱建破坏环境的问题,还通过组织村民积极参与绿化、自然恢复生态环境的活动,逐步提高村民的爱鸟护鸟和生态环境保护意识。同时,通过与福建省观鸟协会、中国国旅、阳光鸟会等机构合作,举办生态讲座,开展观鸟比赛等,提高观鸟基地的知名度,打造观鸟品牌。另外,利用闲置资源建设“鸟生态”主题民宿、成立“村滴”车队、培训村民当“鸟导”等提高村民收入,精准扶贫。

(四)打造绿色生态营,建立森林学校,实现自然教育

结合生态教育新风向,成立学生社会实践基地,打造“紫云·鸟生态”研学基地,针对大中小学生进行差异化生态环境实践教育。让大学生走进紫云,运用新思维、新视角、新媒体践行环保爱鸟,协助开展绿色生态营,用丰富的形式为大学生提供更多有效参与公益的渠道,使之积极投身环保爱鸟事业,最终将环保理念与环保行动传递给更多人;让中小学生以大自然为课堂,了解由森林、湿地和鸟类等组成的生态系统知识,培养他们的生态环保意识;让学生们与清新大自然接触,激发孩子的创造能力与想象能力;提高孩子与他人交往的能力,从多方面发掘青少年潜能,实现自然教育。

三、项目成效

项目以践行绿色、环保、生态、健康新理念,让参与者重新审视自己对待资源、环境、生物的态度和行为,通过环境育人,促进人与自然的和谐相处。

(一)构建观鸟产业一体化服务标准化建设

大学生返乡创业。指导的大学生以观鸟产业为基,成立了4个观测点40余个机位,引流超过1万人次进入紫云村观鸟,带动村民每人增收4万余元;并且通过“观—食—住—行”一体化服务的形式(图1),让鸟友亲身体验明溪农产品的自然原生态性,从

而带动明溪有机鸭间稻、明溪淮山酒等农特产品的发展，获得了2017年三明市优秀创业创新资助项目一等奖，获得5万元资助。

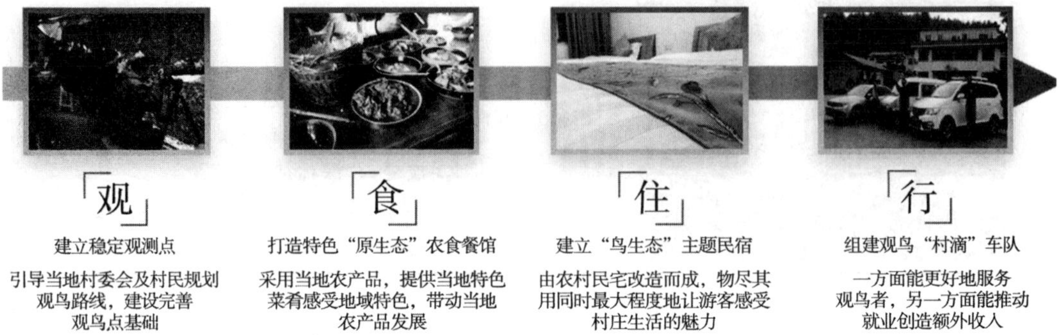

图1　打造观鸟产业一体化服务

(二)探索合作，签约中国最大环保公益组织

生态宣讲进校园。从2017年至2019年，与君子峰国家级自然保护区合作举办了6次全国大学生自然讲解营活动，每次30～40人；与明溪县实验小学、三明市第一中学等达成合作，定期开展公益性鸟类保护意识宣传与自然教育活动，2019年完成了12期；获得了中国本土最大的环境保护组织阿拉善SEE基金支持(图2)，共同举办“生物多样性嘉年华进校园”活动，获得了全国“创青春”大学生创业大赛公益组铜奖。

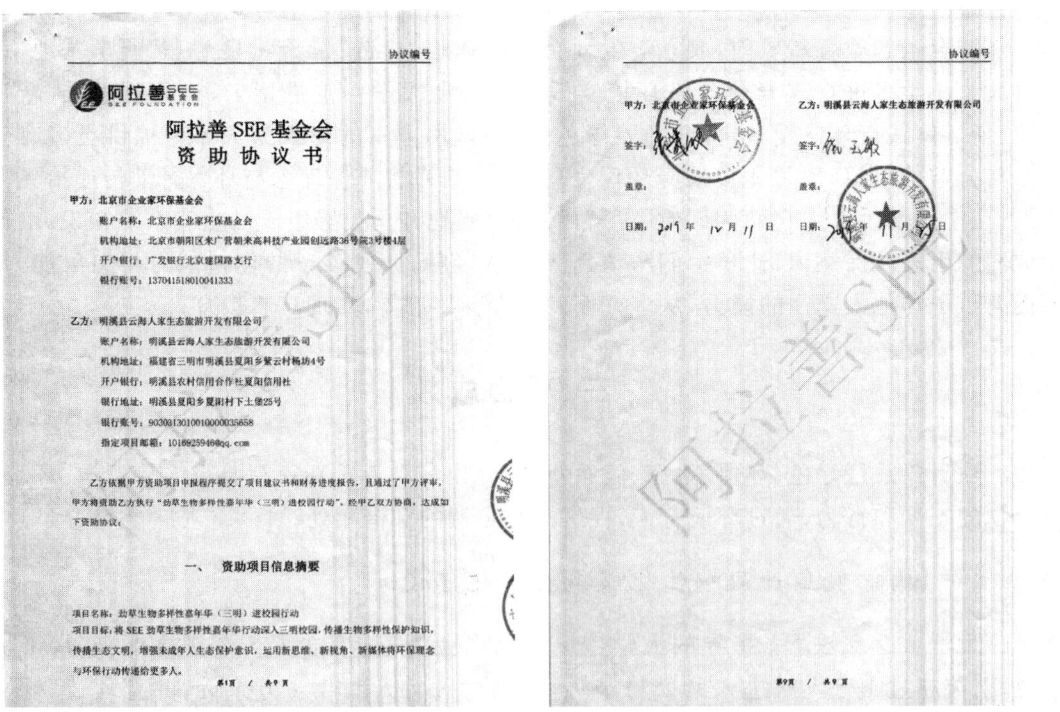
协议编号

阿拉善SEE 基金会
SEE FOUNDATION

阿拉善SEE基金会
资助协议书

甲方：北京市企业家环保基金会
账户名称：北京市企业家环保基金会
机构地址：北京市朝阳区来广营朝来高科技产业园创远路36号院3号楼4层
开户银行：广发银行北京建国路支行
银行账号：137041518010041333

乙方：明溪县云海人家生态旅游开发有限公司
账户名称：明溪县云海人家生态旅游开发有限公司
机构地址：福建省三明市明溪县夏阳乡紫云村杨坊4号
开户银行：明溪县农村信用合作社夏阳信用社
银行地址：明溪县夏阳乡夏阳村下土堡25号
银行账号：9030313010010000035658
指定项目邮箱：1016925946@qq.com

乙方依据甲方资助项目申报程序提交了项目建议书和财务进度报告，且通过了甲方评审，甲方将资助乙方执行“劲草生物多样性嘉年华（三明）进校园行动”，经甲乙双方协商，达成如下资助协议：

一、　资助项目信息摘要

项目名称：劲草生物多样性嘉年华（三明）进校园行动
项目目标：将SEE劲草生物多样性嘉年华行动深入三明校园，传播生物多样性保护知识，传播生态文明，增强未成年人生态保护意识，运用新思维、新视角、新媒体将环保理念与环保行动传递给更多人。

第1页　/　共9页

协议编号

甲方：北京市企业家环保基金会　　乙方：明溪县云海人家生态旅游开发有限公司
签字：　　签字：
盖章：　　盖章：
日期：2019年 12月 11日　　日期：2019年 11月 [illegible]日

第9页　/　共9页

图2　获得全国最大环保公益组织阿拉善SEE基金资助

(三)参加“青年红色筑梦之旅”获得省级资助

公益创业获资助。“紫云·鸟生态”以乡村振兴为驱动,走进革命老区、贫困乡村,创立了“紫云·鸟生态”项目,经过3年的经营,打造出乡村观鸟产业链及生态农产品、全域旅游、研学基地等延伸产业。该项目不仅盘活了家乡的资源,还带动全国4个省份的12个乡村参与;在学习革命精神、传承红色基因的同时,深入调研乡村振兴和脱贫工作,开展精准对接和长期帮扶,针对有意向的村民,进行专业“鸟导”培训,给村民传授鸟类知识、培训观鸟导览技能;把闲置的农村民房改造成观鸟主题民宿,增加村民收入;在村里有汽车的年轻人中组建一支“村滴”车队,接送观鸟游客等。同学们把青春梦融入中国梦,获得了2018年福建省“青年红色筑梦之旅”优秀项目奖补5万元(图3),参加第五届中国“互联网+”大学生创新创业大赛获得全国银奖的好成绩(图4)。

福建省教育厅文件

闽教学〔2018〕32号

福建省教育厅关于公布2018年福建省“青年红色筑梦之旅”优秀项目奖补名单的通知

各设区市教育局,各高校:

为深入贯彻落实习近平总书记给第三届中国“互联网+”大学生创新创业大赛“青年红色筑梦之旅”大学生重要回信精神,按照教育部和省委省政府有关大赛工作部署安排,我厅印发了《关于进一步深入扎实开展“青年红色筑梦之旅”活动的通知》(闽教学〔2018〕20号),动员组织高校师生在更大范围、更高层次、更深程度上扎实推进“青年红色筑梦之旅”活动深入开展,取得明显成效。全省报名项目5000多个,2.5万余名师生参与,先后组织2000多个项目团队深入革命老区、贫困地区,对接农户、合作社、学校、政府、企事业单位8000余个,帮扶近40000余人。根据闽教学〔2018〕20号文件要求,在高校推荐申报的基础上,我厅组织专家对申报项目进行网络评审,确定奖补项目331个,每个项目给予5万元资助(部属高校和厦门市属高校由学校安排资助经费)。现将名单予以公布。

希望各高校继续加强“青年红色筑梦之旅”项目的辅导帮扶和孵化培育,帮助解决项目研发、落地对接、成果转化和生

2018年福建省“青年红色筑梦之旅”优秀项目奖补名单

序号	项目名称	项目负责人	单位名称	指导老师
172	紫云·鸟生态	杨水清	三明学院	杨红梅
[illegible]	[illegible]	[illegible]	[illegible]	[illegible]
174	丝路达·助梦青藏	林坤海	三明学院	游耿林
175	创益青年	董月梅	三明学院	杨红梅
176	闽魅公社	郑健	三明学院	黄鹏
177	运动伴伴	余瑶	三明学院	黄鹏
178	点靓计划	戴燕	三明学院	罗奋涛
179	三明学院VR设计项目驱动创新班项目建设——大田红军村建设	文猛	三明学院	魏丽萍
180	丙申环保智能皮具	连辉延	三明学院	罗奋涛
181	智慧果园云平台技术应用	钟燕播	龙岩学院	李伙友
182	鑫姑田信息科技(福建龙岩)有限公司——“兴农扶贫,筑梦中国”	罗其瑩	龙岩学院	曾尧威
183	智力脱贫:让贫困山区飞出金凤凰	支成豪	龙岩学院	李袷
184	猪富宁—“副猪嗜血杆菌多价疫苗”研发	李子健	龙岩学院	李晓华
185	红胤——建设美丽乡村,绘制红色壁画	兰淑琴	龙岩学院	朱益婷
186	有贷电子商务有限公司-助农扶贫,建设新农村	周佳	龙岩学院	高鹏
187	智兴农业科技:新型智能农业装备技术、服务及应用一体化平台	高汉祥	武夷学院	郭诚
188	“瓷陶”世缘,侨缘助力	蔡晶晶	武夷学院	俞丽清
189	红色营地素质训练营	陈琳娜	福建警察学院	马秀红、孙维华
190	果果香--百香果品牌营销的引领者和开拓者	陈婷婷	福建江夏学院	曹洁
191	纸魔方	汪忆杰	福建江夏学院	刘艳山
192	栀子花开	高泽鋆	宁德师范学院	陈峰
193	维康天使	黄科宝	宁德师范学院	孙雪春
194	赤辰文创	杜永成	宁德师范学院	游国斌、张芳
195	嘴巴驿站	钟立	宁德师范学院	游天嘉、郑立文
196	畲村合作社联合振兴村寨产业服务平台	潘嘉嘉	宁德师范学院	李益长
197	智能生态旅游与休闲农业	罗聪华	宁德师范学院	余苏毅
198	畲茶筑梦	苏婷婷	宁德师范学院	陈赞琴
199	参生不息	张燕清	宁德师范学院	叶祖云
200	印象浪木画	庄少萍	宁德师范学院	丁建发
201	柳叶腊梅	李东东	宁德师范学院	刘伟
202	闽东共享律师	江红英	宁德师范学院	吴家林、龚劲丹
203	特色鲜番茶	林婷婷	宁德师范学院	张芳
204	闽东畲族银饰	林鹤	宁德师范学院	薛蕃、邢博雅、栗依尔
205	[illegible]	[illegible]	[illegible]	[illegible]

图3 2018年福建省“青年红色筑梦之旅”5万元资助

获奖证书

饶玉敏、杨水清、丁琳颖、裴亚萍、辛佳媛、马静、陈沁雯、朱海霞、张建康、余正星：

你们的作品《紫云·鸟生态—全新观鸟产业链，乡村振兴新引擎》，在第五届中国“互联网+”大学生创新创业大赛中荣获 银奖

指导教师：杨红梅、叶志鹏、李清水

特发此证，以资鼓励。

主办单位：
教育部、中央统战部、中央网络安全和信息化委员会办公室、
国家发展和改革委员会、工业和信息化部、人力资源和社会保障部、
农业农村部、国家知识产权局、中国科学院、中国工程院、
国务院扶贫开发领导小组办公室、共青团中央、浙江省人民政府

中国“互联网+”大学生创新创业大赛组织委员会

证书编号：201920043

图 4　第五届中国“互联网＋”大学生创新创业大赛银奖

（四）志愿服务队“扩容”为乡村振兴添动力

团队扩容。“紫云村大学生生态扶贫服务中心”从成立之初的 8 人到现在已经 50 人，他们发挥专业所长更好地开展各项志愿服务活动。他们定期对当地村民进行爱鸟护鸟文化宣传，一对一讲解鸟类以及生态文明建设相关知识；在中小学、特殊学校及大学开展公益性鸟类讲解活动；指导村民充分利用当地资源发展观鸟产业，提高电商运营能力等，不仅提高了当地村民的生态环保意识，还增加了村民收入，助力乡村振兴。

四、项目创新点

“紫云 · 鸟生态”项目驱动创新班以乡村需求为纽带，通过“初期体验—观察反思—总结评估—持续应用”4 个循环流程的学习，将大学生创新创业成果融入课程，培养学生用实际行动参与农村发展、用专业知识解决现实问题的能力。

（一）研发 7 项无害布景技术和保育技术，保护鸟类并提供拍摄便利

创新班成员发挥自身专业优势，在学校老师和企业导师的指导和帮助下，研发了无害布景技术和保育技术，更好地对鸟类进行跟踪保护，记录鸟类活动轨迹，探测鸟类资源，既为开发鸟点做准备，也对鸟类起到多面保护作用。同时，布景的技术为鸟类摄影爱好者提供了莫大的便利，更避免了其自行布景对鸟类的危害。目前已经成功申请了“一种基于自然环境营造与光学投影设计的鸟类摄影背景技术”“一种基于鸟类习性营造环境的人工引鸟巢”“一种森林生态系统鸟类观测装置”等 7 项实用新型专利、6 项外观专利。

（二）改进种植方式，提高农产品附加值

创新班还引进台湾的“鸭间稻”技术并进行改良，使其更加适合当地水土。与当地校友一起研发的“紫云有机鸭间稻”在2018年3月通过“环境科学研究中心”检验，392项农药无农残，提高了农产品的附加值。

近年来项目被中央电视台、《人民日报》、《北京晨报》、《新华每日电讯》、《中国新闻网》等知名媒体先后报道，不仅紫云观鸟基地知名度显著提高，当地村民及周边民众爱鸟护鸟的意识也显著提高。其中来自新华网的报道多次被厦门网等媒体转载，至今已有57万的浏览量。2021年5月26日，还得到CCTV特别直播节目《今日中国》福建篇的报道。

（三）反哺三创教育，促进思创、产创、专创融合

驱动创新班以学生为中心的团队共创式、以项目为驱动的成果导向式的教学模式，无缝对接“青年红色筑梦之旅”活动，构建比赛、课程、项目、实践一体化教学体系，形成了以红色文化产品作为思想政治教育载体的“思创”融合模块；设计包装特色农业产品、帮助农民致富增收的“专创”融合模块；融入“绿水青山”生态产业、森林康养产业、观鸟研学特色文旅产业的“产创”协同模块等，有效反哺三创教育。

五、结　语

“在发展中保护，在保护中发展。”在当地从耄耋到幼童都成为当地生态保护的重要力量，护鸟、爱鸟已成为共识，真正做到把生态环境优势转化为生态经济优势，实现了高质量“生态美百姓富”，践行了绿水青山变金山银山的先进绿色发展理念。今后，我们将继续开展形式多样的尝试，加速教育链、人才链与产业链、创新链有机衔接，助推产教融合，切实提高学生的实践能力。

引企入教模式下的数字媒体人才产教融合培养实践

——以“触控”项目驱动创新班为例

执笔人：杨晓燕，曾丽娜，陈立龙，廖传章

内容提要：“触控”项目驱动创新班是行业领军企业触控未来科技有限公司与三明学院数字媒体技术专业在应用型人才培养模式的精准对接。“触控”项目驱动创新班以深入、持续的校企合作，在专业教学设计、课程设置、实习实训中提供了引企入教、促进市场需求融入人才培养环节的样板。通过细化创新班的师资团队组建、开放共享资源、课程模块化、项目驱动式、创新培养链等管理运行措施，达成创建新课堂、重构教育环境、学生就业前景好的致用育人实效。触控未来科技有限公司以企业奖学金的激励制度、规范的人才培养体系造就创新班的特色亮点。在促成教育链、人才链与产业链、创新链的有机衔接中，三明学院与触控未来科技有限公司形成有效的校企双合力，协同开展技术与艺术相融合的数字媒体人才培养实践。

关键词：“触控”项目驱动创新班；产教融合；项目驱动；校企合力

一、引　言

以市场需求为导向，响应区域经济、产业规划和学生发展需要，立足学校办学实际，2017 年，三明学院与触控未来科技有限公司（以下简称触控科技）达成合作，协同培养应用型数字媒体人才。触控科技作为国内数字娱乐领军企业和国际知名的游戏引擎研发商，通过稳定、高效、不断进化的 cocos 引擎和工具，给开发者和企业带来便捷有效的技术支持，拥有腾讯、华为等知名用户。触控科技紧跟国家教育改革战略方向，面向 VR/AR、数字教育、数字孪生、游戏开发等前沿技术，于 2014 年起在教育部高等教育司的指导下开展大学合作业务，在专业共建、课程建设、大学生创新创意孵化等方面与国内多地高校开展协同育人。触控科技已有的资源优势、技术优势、平台优势、经验优势为学校与触控科技合作的顺利开展夯实了基础。

三明学院在数字媒体技术专业建设过程中，紧紧抓住“新工科”改革发展机遇，将产业需求、技术发展、学生志趣融入教学改革中，在学生培养过程中从回归工程走向融合创新，实现“技术”+“艺术”融合培养。数字媒体技术专业重视实践教学体系建设与改革，结合学校“五位一体”应用型人才培养模式，构建了融合数字创意及衍生产品创新设计专业群和数字创意产业学院，基于教育部产学合作的“触控”项目驱动创新班。

二、相关背景介绍

随着信息、网络、云计算、智能等技术的创新运用，知识、空间和技术多变的结合使教育更加多元多样。为适应全球网络与知识经济的需要，三明学院艺术与设计学院遵循“创新驱动、转型发展、设计引领”的原则，把专业教育纳入社会这个大课堂，推动产、学、研、媒、用、金（金融）相结合，积极探索与市场需求相适应的教育模式。以产业为导向，推进产教融合、校企合作，将应用型人才培养纳入“伙伴成长型”可持续生态圈，形成一个连接生态伙伴的互生、共生、再生的教育生态环境。

实践教学是数字媒体人才培养的重中之重；但长期以来，传统实践课程体系、教学组织形式、教学资源整合都难以及时响应社会发展需求，影响人才培养效果。鉴于此，艺术与设计学院基于整合性思维导向，反思了数字媒体技术专业研究对象、学科界限、实践方法和判断准则的定位问题，用跨学科、跨区域、跨行业合作方式，创设“触控”项目驱动创新班，促进教学过程与生产过程有效对接，精准对接人才需求，形成高校、企业、研究院所等各要素之间密切互动。对企业方触控科技而言，其对于数字媒体相关产业发展、行业生态圈有着自己的态度和责任，通过校企合作人才培养、大学生创新创业等模式为集团及行业提供人才和供给项目。双方打通校校、校企、校地实践教学资源整合壁垒，形成协同创新育人新机制，实现共赢。

“触控”项目驱动创新班，着力于：

（1）创新协同、顺应发展。创新班抓住国家“四新”机遇，强化交叉与融合。新工科的内涵是以立德树人为引领，以应对变化、塑造未来为建设理念，以继承与创新、交叉与融合、协调与共享为主要途径，培养未来多元化、创新型卓越工程人才。“触控”创新班在组织、教学过程中实现了跨学科招生、项目式教学、优化组团队，着重培养学生的复杂问题解决能力。

（2）校企合力、产教融合。“触控”项目驱动创新班以学生为中心，主动对接并满足区域产业和行业需求，瞄准学生解决行业实践与解决问题能力的培养，以专业群、产业学院为依托，以产业链的整合替代传统学科专业化的分工，以订单式、项目制培养人才，联合培养促进校企深度融合。

（3）致用育才、成果导向。触控科技依据“三落实”原则（落实应用型人才的办学定位，落实应用型人才培养模式改革任务，落实产教融合、校企合作和工学结合制度建设），结合三明学院“五位一体”应用型人才培养模式，将学习过程与产业实践结合、将课程体系与职业能力结合、将教学组织与产业需求结合推进校企合作，深化教学转型，坚持以学生为本，组建了含校内外的应用型教学团队，构建教学服务型的人才培养体系，培养跨界的新型应用型人才。

三、“触控”项目驱动创新班具体运行措施

为贯彻落实教育部文件精神，深化“引企入教”改革，深化产教融合、产学合作、协同育人机制，“触控”项目驱动创新班在教学方法上采取课岗结合、关联多门课程的项目驱

动教学。通过校企共同参与学校专业规划、教材开发、教学设计、课程设置、实习实训、就业、创业等环节,促进企业需求融入人才培养全过程。

(一)创新班开办思路

艺术与设计学院深入企业调研,通过访谈、分析等方法,确定人才培养规格,深化校企合作,改革教学方法,联合企业开发课程;积极探索基于多方协作的“项目驱动”实践教学模式,以及这种模式的实施策略,形成具有模块化课程、可持续性课程结构和项目化教学特色的专业课程教学模式;坚持强化职业道德培养的原则,形成良好的职业素养,做到专业育人和人文育人相结合,培养社会需求相吻合的应用型数字媒体人才。

“触控”项目驱动创新班依据专业培养方案开设了技术、艺术两个方向,分别是 cocos 游戏开发和游戏特效设计。除 2020 年受疫情影响,采取线上+线下相结合的授课方式外,创新班以集中式线下教学为主。创新班始终贯彻“以项目为驱动”的授课理念。由于学习方向不同,学习内容及时间长度也不同。根据岗位胜任要求,cocos 游戏开发总学习时长为 4 个月,特效设计是 6 个月。在学习过程中,创新班引入优质行业资源,强调“学中做,做中学,做学合一”,真正做到理论与实操相结合。学生每日、每周、每月都能清晰地看到自己的进步与成长,特别是每个阶段学生独立完成项目的开发与设计,很好地激发了学生的成就感。

(二)创新班实施路径

“触控”项目驱动创新班实行“2.5+1.5”的联合培养模式,即学生完成校内第三学年第五学期所有课程之后,校企双方通过笔试、面试,学生自愿、家长同意的原则进行选拔。入选创新班的学生第六学期以后由企业主要开展教学实践,由企业工程师带领学生完成创新班既定培养方案、毕业设计、实习就业等工作。基于此,创新班通过以下七个方面实施、推进。

1.组建强师资,完善组织架构

为更好地推进“触控”项目驱动创新班的各项工作,对创新班的教学组织过程实现有效的管理监控,提升育人效果,设立“触控项目驱动创新班”委员会(图 1)作为决策机构,并在该机构领导下建立联合教学管理委员会具体负责各项教学管理工作。

项目驱动创新班所面向的特定“服务域”,校企双方共同设立项目课程,改变以学科专业知识为基础设计课程的传统,通过项目体验、课程植入等模式协同改善实践课程体系和教学环境,真正解决产教融合落地难题,实现校企双赢。创新班、专业群、产业学院关系如图 2 所示。

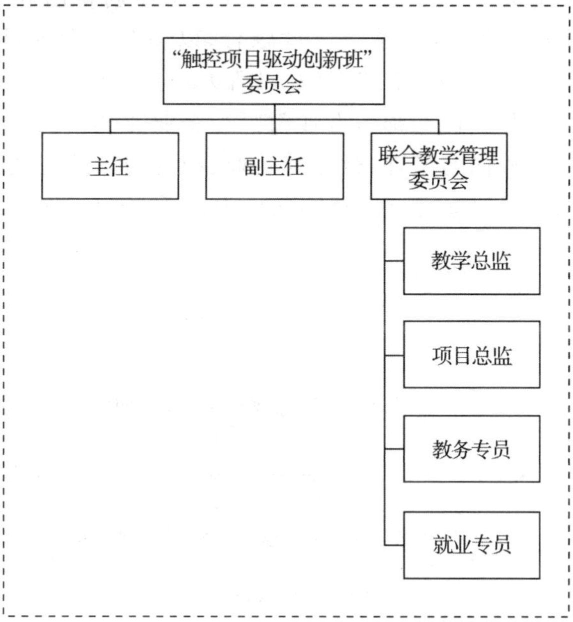

图 1 “触控项目驱动创新班”委员会

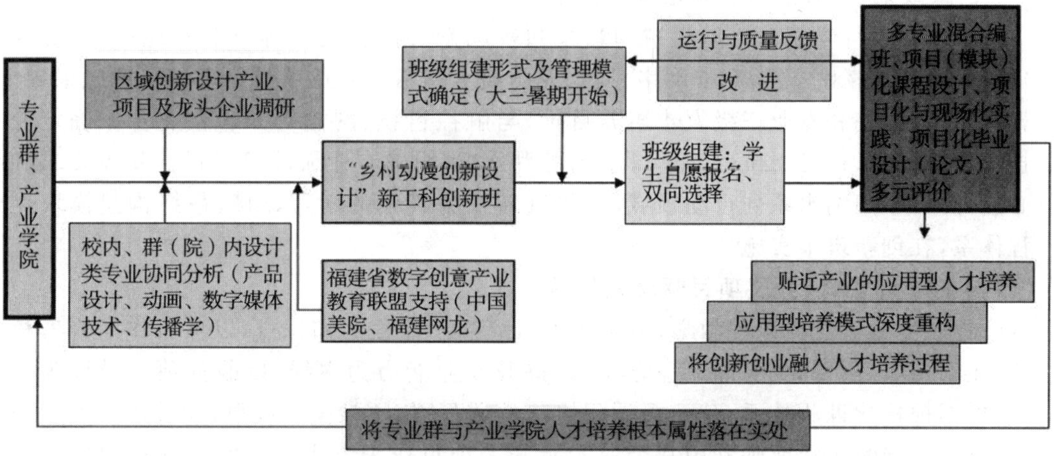

图 2 创新班、专业群、产业学院关系

项目驱动创新班打通教与学，贯通“理”与“技”，打破传统学科建设惯性思维和路径依赖，整体提升学科专业水平、创新服务能力、人才培养质量。采取培养、引进、外聘等措施，全力塑造一支知识多元化、专业多元化和思维多元化的教学团队。创新班现有触控科技教师 6 人，学校专业群教师 6 人。

2.优化“三对接”，开放实践资源共享

“触控”项目驱动创新班在打造实践资源体系过程中，以“开放”“共享”为目的，实现了“三对接”(图 3)：一是情境对接，学校的教学环境与企业工作环境相融合，打造准就业、准创业教学情境，拓展教学资源，打破层面窄、半径小、效益低的产教融合旧模式，延伸到多维合作，将创造力转化为生产力，凸显数字媒体创新创业的服务属性；二是内容对接，教学内容与企业项目、政府项目深度融合，以综合实训项目为主，实现真题真做、合作共赢，激发师生参与项目的内生动力和活力，将实践能力培养融入教学活动全过程；三是师资对接，采用“一课双师”，专业教师与企业业师共同讲解一门课或多门课，形成“智慧协作”，打造了校内与校外、行业与企业、国内与国外互联的“走读式、候鸟式、阵地式”应用型教学团队。以深度合作真实项目为依托，学生实践能力提升有保障。

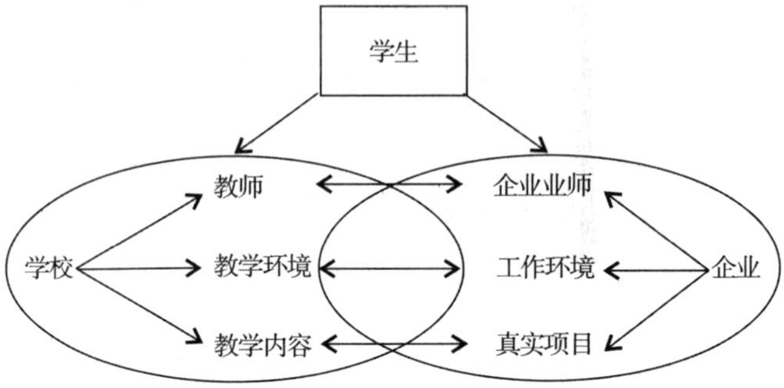

图 3 “三对接”示意

3.重成果导向，搭建模块化课程体系

艺术与设计学院深入厦门、福州、泉州等动漫、游戏、文创等行业实地调研，访谈福建网龙、4399 游戏公司、摩格网络科技、龙腾简合网络等企业项目经理，通过“成果导向”教育梳理校、院和专业三级人才培养目标，与触控科技、网龙等知名企业合作确定专业技术工作岗位，针对岗位(群)进行职业能力分析，明确专业人才培养目标基本要求和核心能力指标，归纳出系列行动领域，并将其转换为具体的学习领域，最终构建模块化课程体系，在创新班中实施。

4.打造新模式，开展项目驱动式教学

将企业案例融入课程教学，将企业项目穿插于课程的知识点，以项目作品为考核形式，让学生学习目的更明确。一方面，以提升专业能力为主线，以服务项目设计为立足点，根据模块化课程体系，确定多课程协作的课程群，再根据课程群，设计出多课程协作实训项目，同时企业业师利用其企业实际开发项目作为学生教学实训项目；另一方面，基于学生的技能学习和个体能力培养，强调技能应用和团队精神，根据实际需要制订项目驱动教学计划、教学评价方案，组织多种多样的教学形式。

5.创新培养链，形成科学课程教学体系

按照“案例导向、项目驱动”的设计思想，以项目制作驱动课程教学实施。通过融合“专业技能培养＋实战项目训练＋职场素质养成＋创新创业孵化”的培养链条，进一步加强教学内容和市场需求之间的贴近度和相关性，尽量选取以现实需求为来源的项目案例，这样使学生在项目任务实施的过程中既可以掌握教学内容，又能够了解课程在企业生产运营的应用和操作技能。将课程教学重点难点融入项目之中，以项目驱动教学任务的开展，这种教学模式已在专业课程教学中得到了有效应用，同时也辐射带动了其他专业教学模式的改革。

6.重视学习过程,改革考核评价方式

对课程的考核评价方式进行必要修改,使考核评价结果能够准确印证学生掌握知识的情况。具体措施体现为:对项目案例进行任务分解,让每个同学既有独立思考学习的空间,又在每个任务中拥有教学知识点之间的连接,有效培养学生创新学习和团队合作能力;教师对每个同学任务完成情况进行记录,并结合实际对每个任务环节设定比例权重,比如平时表现及作业权重设为40%,实验实训20%,期末考试40%,最后按照权重汇总计算每个学生的最终成绩。这种评价考核方式可以完整记录学生在任务前、任务中、任务完成三个环节中的综合表现,既可以提高学生的独立思考和动手操作实践能力,还能培养学生克服困难和团队协作精神,使考核评价方式由知识整体考核向过程综合考核转变。

7.健全管理制度,完善教学保障机制

建立适合项目驱动创新班的教学评价体系、课程评测体系、教学信息反馈系统、教学监控方式、教学监控内容。进一步完善管理服务机制,关心师生的学习、工作和生活,加强作风建设,培育执行文化,提高教学管理效率,降低教学管理成本,把教学管理系统建设成为务实创新、勤政高效的保障服务体系。对于创新班学生关心的学分转换问题,也从校、院等出台相应的学分制管理制度,解决学生的后顾之忧、提升学生在创新班学习的内驱力。

四、“触控”项目驱动创新班的实施成效

(一)创建数字媒体教育新型课堂

“触控”项目驱动创新班的“三对接”将教学场所移植到社会的大课堂,从以教师为主导的课堂,变成教师与学生共同主导,将教师由传播知识的主讲人角色,转变为指导学生学习的导演。教学内容从知识传授为主向能力培养为主转变,让学生体验整个数字媒体产品设计的流程,形成良好的互相关照和合作意识,提高学生的综合素养与专业实践能力。

(二)重构多维创新创业教育环境

积极引导“the path to success”(成功之道),以创业生态一起搭建了TOPCARES-CDIO创新创业学习体验模型,让学生学习和体验到真实的创业生态圈,在实践中不断完善社会创新与可持续的创意、创新、创业、创富教育格局。学生依托创新班共申报国家级、省级大学生创新创业训练计划项目10余个。

(三)形成创新班品牌特色和社会美誉度

“触控”项目驱动创新班于2018年12月获三明学院十佳教学实践基地荣誉称号;2018年11月获三明学院“五佳项目驱动创新班”。2018年10月,福建电视台以《福建这所高校的毕业生为何分外“抢手”?》为题,就“触控”项目驱动创新班进行报道。2018年5月,创新班学生刘子傲、彭卓越作品获第11届“中国大学生计算机设计大赛”全国

决赛二等奖；2017 年 11 月，创新班学生施振宇作品《刃心》获第十届厦门国际动漫节金海豚游戏开发大赛一等奖；2017 年 10 月，创新班学生林健昀等作品获 DEA2017VR 与艺术融合国际论坛三等奖；2017 年 5 月，“触控”项目驱动创新班获批教育部产学合作育人项目。“触控”项目驱动创新班真题真做的实战训练、积极的就业导向在学生和家长中也树立了好口碑。

（四）学生就业前景好

“触控”项目驱动创新班的正面就业导向明确，其在游戏市场的布局也为学生造就了良好的就业平台。据 2020 届毕业生就业统计显示，项目驱动创新班学生入职广州三七互娱（上市企业）4 人，在学员中起到了较好的示范作用；2019 届毕业生就业统计显示，项目驱动创新班就业率达 99％（1 人要求继续进修），学生平均薪资为 6454 元/月，较 2018 届学生平均薪资上浮 3.3％，总体形成良好的创新创业氛围。

五、“触控”项目驱动创新班亮点

（一）激励驱动：设置企业奖学金

“触控”项目驱动创新班设立企业奖学金，依据触控科技协同育人项目相关规定，由校企双方共同形成评审委员会，按照公平、公正、公开的评选原则进行阶段性项目评审（图 4）。评审标准分实训过程综合表现（占比 50％）、实训中期评审（占比 20％）、实训结业评审（占比 30％），设置优秀项目奖（综合评分第一名，现金 5000 元奖励及荣誉证书），最佳创新奖（综合评分第二名，现金 2600 元奖励及荣誉证书），未来之星奖（综合评分第三名，现金 1000 奖励及荣誉证书）（图 5）。

图 4　2016 级学员中期评审现场（校内）

图 5　2016 级学员终期颁奖合影

(二)完善、规范的人才培养体系

学生经过校内申请、双向选择,在入学“触控”项目驱动创新班前,在校内举办开营仪式。进入创新班后,触控科技遵循协同育人目标及《厦门触控未来学生实训管理制度》的规定对学生进行管理。

(1)观念培养阶段。第一周,强化学生的观念培养和行为规范。学生在创新班期间主要强调准职业人的观念,以职业人的标准严格要求自己,为将来走进职场做准备。此外对考勤制度、请假流程、课堂纪律、日常行为规范、食品健康和安全、宿舍安全、交通安全等方面都有详细的规定和预防措施。

(2)过程培养阶段。企业为学生班级配备了专业技术讲师和班主任。学术部的讲师负责每天技术的讲解、示范和指导。人才服务部负责组建班级班委管理班子,做好班级团队建设;定期访谈并做学生满意度调查,发现并处理学生在学习过程中碰到的困惑和难题;每个月组织一次户外活动,增强班级凝聚力,放松学生紧张的学习心态;定期不定期开班会,引导并鼓励学生努力学习;定期上职业素养课,在理论上指导学生提升自身的文化修养和职业素养;定期组织学生考试,发现待进步学生并妥善处理;发现并处理学生的投诉问题;妥善解决和处理学生家长的意见等。

(3)实习准备阶段。首先在就业准备阶段为学生提供 6 个方面的服务,以帮助学生做好各方面的调试。其次建立并执行就业推荐机制。

(4)跟踪服务阶段。就业 6 个月内电话回访,了解学生工作的情况,并帮助解决工作中的困难与问题;做学生与企业之间的沟通桥梁,及时将企业的反馈与学生进行交流,提升学生职场的适应性;将学生纳入初级人才资源库,做好学生二次就业和创业准备工作。

(5)职业顾问服务。创建中高级人才资源库,成立人才服务平台,开放平台账户,对不同学生进行分类管理,从以下领域为学生提供职业顾问服务:技术论坛、高薪和职位猎头对接、创业帮扶、海外游戏专业学历提升、项目接包等,及时更新学生职业动态,形成动态人才库,将职业顾问服务推进到终身服务。

六、结　语

触控科技/cocos学院是cocos官方唯一的人才生态,是数字内容产业重要的人才提供商,肩负着cocos应用产业快速发展的人才培养与输出。至2020年,"触控"项目驱动创新班已经完整地培养了四届三明学院学生,总计93名。创新班学生的就业岗位与专业关联度大、企业反馈好。毕业生在广州、杭州、厦门等国内主要的城市发展的不在少数。随着时间历练,创业、入职上市公司的学生也充分发挥了"传帮带"效应,为学校毕业生推荐提供了直接招聘、内推等就业优势。校企沟通、代际传承、资源扩散等多年的沉淀如今形成了学校、学生、企业、社会的多方共赢。办出成果、办出特色、办出满意度、办出认可度,是"触控"项目驱动创新班的努力方向。

面向行业特色鲜明的机械类应用型人才培养实践
——以闽光学院智能装备项目驱动创新班为例

执笔人：邱思杰，张　璐，张雯娟，艾子健

内容提要：机电工程学院着眼于“中国制造2025”和“新工科”教育理念，紧紧围绕区域经济社会发展对高素质应用型人才的需求，以学术前沿发展趋势为牵引，优化整合学科资源和专业结构，着力实现学科与产业的深度对接，大力探索面向行业特色鲜明的高素质应用型人才培养模式。三明学院以产教融合为载体，打造闽光学院智能装备项目驱动创新班。依托与福建三钢闽光股份有限公司合作共研项目，以企业用人需求为导向，开设具有光、机、电一体化特色的“闽光学院智能装备项目驱动”创新班，强化学生职业能力培养，实现教育链和人才链的整合与延伸，为产业发展提供高质量复合型应用人才。

关键词：闽光学院智能装备创新班；行业特色；项目驱动；高素质应用型人才

一、引　言

三明学院地处福建省三明市，属中央苏区、革命老区和省内山区的地方本科高校，有着“百年致用、闽师之源”的传承。为了让学生一进校门就知道自己致用的“目标”，三明学院在人才培养方案中明确学生的核心能力，设立“专业知能”（目标权重占30％）、“实务技能”（目标权重占35％）、“应用创新”（目标权重占15％）、“协作整合”（目标权重占10％）和“社会责任”（目标权重占10％）指标，并全面推动第二课堂的“学分化”“课程化”“项目化”，以此鼓励学生参加各类课外科技竞赛，挖掘学生的创新能力。2017年，三明学院与福建三钢闽光股份有限公司（以下简称“三钢集团”）合作共建“闽光学院”，深入开展人才培养、科技研发等项目合作。不到一年的时间，学院便为三钢集团自主研发了国内首套基于机器视觉全自动砂轮片在线更换系统，更换砂轮片时间可比以前节约2/3，据测算一年可为三钢增效3.8亿元。

二、背　景

2017年9月26日，三明学院与三钢集团共建“闽光学院”，开启校企合作新模式，旨在建立产学研用、共建共享的管理和运行机制，通过三明学院的专业化研究指导三钢集团的生产、技术及管理，并通过三钢集团在实践中的应用成效，促进三明学院科研能力提升，从而实现优势互补、互利双赢。“全自动砂轮片在线更换系统”项目是闽光学院成立以来的首个科研合作项目，机电工程学院牵头成立了项目研发团队，与三钢棒材厂进行实质性对接，并在2018年4月，三明学院与三钢集团就该项目签约。

《国务院办公厅关于深化产教融合的若干意见》中明确指出：深化产教融合，促进教育链、人才链与产业链、创新链有机衔接，是当前推进人力资源供给侧结构性改革的迫切要求，对新形势下全面提高教育质量、扩大就业创业、推进经济转型升级、培育经济发展新动能具有重要意义。机电工程学院为落实三明学院“五位一体”应用型人才培养模式改革，开展应用型人才培养，借助闽光学院校企合作平台及其科研合作项目，成立闽光学院智能装备项目驱动创新班，以“基于机器视觉全自动砂轮片在线更换系统”等6个项目为中心，希望通过项目实施过程强化学生的理论基础、实践能力和创新思维能力，进而促进学生的全面发展。

三、具体做法

（一）遴选学员办法

面向全校二、三年级学生，以自愿报名为原则，通过笔试与面试相结合的方式择优录用。每期招生一个班，人数不超过50人，为期一学期。为了不影响原有专业教学，该创新班教学以第二课堂方式进行。学员是来自机电工程学院，涵盖机械设计制造及其自动化、电子科学与技术、电子信息工程、光电信息科学与工程、工业设计和车辆工程等工科专业。

（三）组建应用型教学团队

以双师型为主，校内校外教师相结合的形式组建教学团队，包括三明学院机械设计制造及其自动化、电子信息工程等专业双师型教师和三钢集团的高工、副高工等。

（四）学生预期能力和技能

设计研发的国内首台（套）基于机器视觉全自动砂轮片在线更换系统等6套设备，涉及大量的原创机械结构的设计和优化，以及设备制造和安装、电气及动力源安装，大量非加工件、标准件、电控系统、动力系统、动力设备、液压系统、气动系统。学生可以参与本套设备的设计和优化，包括非标件设计和加工，标准件的选择，机械系统、机器视觉系统、电控系统、动力系统、动力设备、液压系统和气动系统等设计、安装与调试。

（五）实施环节

1.课程教学与课题实践

课程的设置以解决“基于机器视觉全自动砂轮片在线更换系统”等6个项目实际问题为目的，采取课程教学与课题实践结合、以项目教学为核心的方式进行教学。教师队伍通过项目化、任务化、课程化教学模式，完成项目需要的课程教学和项目预期成果研究。共设置“机械创新设计”“可编程控制”“机器人技术”“电子系统开发设计”“机电一体化”“机器视觉”“Solidworks 应用课程”8 门课程，合计 8 学分，120 学时。

2.项目设计

在教师的带领下，由学生通过前期的课堂学习和资料查阅，提出“基于机器视觉全自动砂轮片在线更换系统”等 6 个项目设计方案。项目以工程实际为背景，做到理论联系实际，理论指导实践，实践促进理论循序渐进的方式开展。

3.项目分工

首先，根据项目设计阶段的表现，选出若干个组长作为项目负责人。然后，由各组长负责，通过组内讨论，根据项目的实现功能进行项目分解，将项目分成子系统。最后，进行组内的项目分工，每个组员必须有明确的分工。

4.项目实施

完成项目分工后，各项目小组在项目负责人的带领下，在指定时间、指定实验室独立开展项目实施和开发工作。在该过程中，教师作为监督和指导人员督促学生认真高效进行项目实施，并给予适当的技术指导和意见，保证学生在指定时间内顺利完成项目。

5.项目验收

项目完成后，以项目组为单位进行项目汇报和答辩工作。教师组织答辩委员会，委员会成员主要包括各项目负责人、教学团队成员。在项目小组汇报和答辩过程中，班级所有同学都有权就项目中完成的工作进行提问。根据汇报小组的汇报情况以及回答问题的情况，由教师和各项目负责人组成的答辩委员会进行打分，最后得出每组的综合成绩作为该课程的最终成绩。

(六)管理机制

准入严格遵循自愿、公平、公正以及双向选择原则，并实行严格考勤制度和相应的退出机制。

有下列情况之一者，将被退出实验班：

(1)严重违反校纪校规，受到严重警告以上处分者。

(2)思想、心理、身体素质不能适应实验班紧张的学习要求，自愿申请退出实验班的学习者。

(3)半学期中累计有两门次不及格课程。

(4)半学期平均绩点分低于 70。

(5)平均绩点分成绩排序为全班倒数 3 名者。

四、创新班成效

(一)应用色彩——以真实项目为依托

钢铁冶金智能制造装备课题主要对接我省最大的钢铁企业三钢集团转型升级所需

的智能装备，包括基于机器视觉全自动砂轮片在线更换系统、多域智能堆钢监控系统、钢线圈智能识别与切头系统、圆棒齐头视觉辅助系统、铁前传送带在线监测系统、机器视觉的非接触铁矿石料场体积测量共计 6 个重大项目。

在该项目实施过程中，从如何与客户接触、需求分析、编制项目计划书、项目调研、系统分析与设计、实施，到系统运行之后的评价都由学生具体负责，教师起项目“总监”作用，对项目的完成起监督和评价作用，并组织项目答辩委员会，以项目要求达到的总体指标作为考核依据，以目标为导向，对每个项目组、每个参加项目的学生、每一个阶段进行量化考评，结合项目的实际效果，给出学生的实践课程成绩。在项目完成过程中，学生加深理解工业项目管理的过程，体会智能装备项目研发设计的内在规律，掌握各种机电一体化技术工具，学习热情被激发，创新思维被启发。

（二）跨界融合——以整合理工科专业为支撑

“基于机器视觉全自动砂轮片在线更换系统”等 6 个项目是闽光学院智能装备项目驱动创新班的动力源泉，该项目高度集合了机械设计、电路设计、机器视觉、工业机械手、可编程控制、机器视觉光源设计、设备工业外观设计等多门学科。项目的实施和设计离不开创新班各个专业学员的付出。同时在项目研讨过程中，学员们体会到了各个学科知识在项目中的碰撞和融合，明白了各自专业在自动化设备研发中所处的专业位置，掌握了现代工业现场机电一体化开发的流程和专业知识，把第一课堂学到的零散知识升华成为系统完整的专业体系，从而让他们深深爱上各自专业。

本期学员是来自三明学院 2016 级、2017 级的 21 名学生，创新班合理整合机械设计制造及其自动化、电子科学与技术、电子信息工程、光电信息科学与工程、工业设计和车辆工程 6 个工科专业，为该系统的最终设计提供强有力的支撑(图 1 和图 2)。

图 1　闽光学院智能装备项目驱动创新班开班仪式

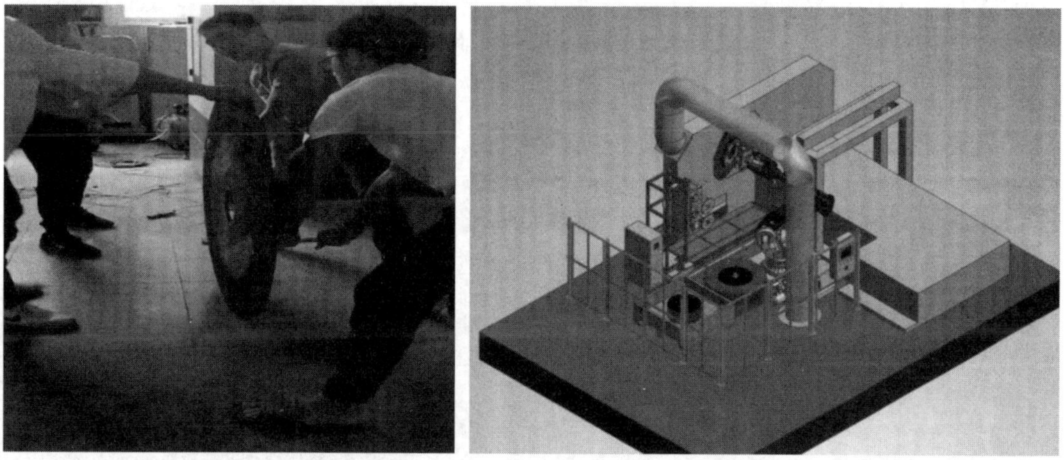

图 2 闽光学院智能装备项目驱动创新班设计的最终方案，获得了三钢集团项目组的通过与赞许

(三)创新培养——以创新团队为组织保障

创新精神的培养是闽光学院智能装备项目驱动创新班组织保障的关键要素。在项目实施开展中，采取教师带学生、高年级带低年级、技术高手带初入门者的模式，组建一支有梯度的、循序渐进的创新班团队。通过每年一届的机械创新设计大赛、电子设计大赛、机器人大赛等实践活动，选拔学生加入创新班，有计划有步骤地培养学生的创新意识、团队精神和科研能力。通过“基于机器视觉全自动砂轮片在线更换系统”等 6 个项目的研发，逐渐完善创新班“传帮带”的内在机制。由于创新班学员多是高年级学生，一般情况下他们在一年至一年半的时间内毕业，为保证创新班的动态稳定和可持续性发展，通过经常举办学术交流、课题讨论、源代码内部共享等方式快速培养新学员，不断提高创新班学员的学术水平和科研水平。创新班成员由于来自不同的专业，他们的创新理念与方式的不一致，团队思想没有统一，因此加强创新班学员之间的沟通、交流，可以形成统一的价值观，加强创新班学员的团队凝聚力。通过参加高水平的科学研究项目，学生置身于一种富有探索性和创造性的学习环境中。创新班使学生从传统的被动接受知识转变为主动参与创新活动，重视培养学生的科学精神和创新思维习惯，以及团结协作精神和社会活动能力，实现创新人才的培养目标。虽然三钢集团最终只采取了一套方案，但是其他方案也是一样的优秀。目前，创新班学员们针对“砂轮片项目”已经提交了 6 项发明专利以及 23 项实用新型专利。这些成果不仅是对创新班学员的鼓励，更是对他们半年多付出的肯定，让创新精神之花永远盛开在他们未来的科研工作中。

(四)精英教育——以专业岗位需要为导向

通过“基于机器视觉全自动砂轮片在线更换系统”等 6 个项目的研发，创新班中的优秀学员逐步脱颖而出，成了各自专业领域的精英。这种精英培养择优录取的选拔方式将有限的教学资源高度集中，大大提高了教学质量，为有能力的学生提供了更好的学习平台，培养出精英的概率也会大幅度上升。同时，以职业岗位需求为导向，针对就业现状，提出应把企业标准融入教学标准，加强实践教学，深入企业一线促进知识传授与生产实践的“零距离”衔接，强化创新班学员职业技能训练，培养高素质技术技能型人才（图 3）。

图 3　闽光学院智能装备项目驱动创新班学员三钢工业现场调研

目前，闽光学院智能装备项目驱动创新班开班历时 3 年，2018 届、2019 届和 2020 届毕业生分别有 23 名、31 名、43 名优秀毕业生进入三钢集团工作，其他绝大部分毕业生也在制造业、信息技术产业就业，每年就业率达到 98％。进入三钢集团就业的毕业生逐年增长，占到企业招聘数的 28％、37％和 47％，这对于以往仅招收重点院校毕业生的三钢集团而言实属不易，不仅反映了双方卓有成效的合作和彼此的真诚认同，同时也体现了闽光学院智能装备项目驱动创新班培养高素质应用型人才的成效。

五、总　结

闽光学院智能装备项目驱动创新班指导教师团队收集整理、凝练升级为案例后用于学科交叉项目驱动创新班进课堂、进教材，为培养高素质应用型人才提供先进且适用的教学内容，形成在钢铁冶金与装备制造行业的“互联网＋”智能制造产教融合人才培养模式。

项目驱动创新班的研究方向和内容都是在响应国家号召面向经济主战场、面向工程应用解决国家基础制造业重大工程技术需求的背景下，以“机器视觉＋”“互联网＋”所形成的智能化钢铁生产设备与技术，是属于高水平研发，在钢铁冶金企业原料、炼铁、炼钢、轧制等生产线设备的智能化升级过程中产生一批行业内未见报道的、替代人工的首台（套）智能化设备，呈现出以研发带动育人的产教融合新局面。近两年来，以闽光学院智能装备项目驱动创新班班底组建的特种钢制造技术与装备推广服务省级科特派团队，获得 2020 年省科技厅科特派后补助。为三钢集团研发的“基于机器视觉全自动砂轮片在线更换系统”也已于 2019 年 9 月成功上线运行，不仅赢得企业广泛赞誉，而且获得省工信厅智能化设备首台（套）认定（图 4 和图 5）。目前正在研发攻关的多域智能堆钢监控系统、钢线圈智能识别与切头系统、圆棒齐头视觉辅助系统等项目，以及机器视觉、三维建模、管理人员等培训项目，累计引进经费超千万。这些经费的引进，不仅科技助力三钢集团向绿色化、品质化、智能化方向发展，而且带动闽光学院项目驱动创新班学生参与其中，形成一支具有较强研发能力和较高行业影响力的研发团队。

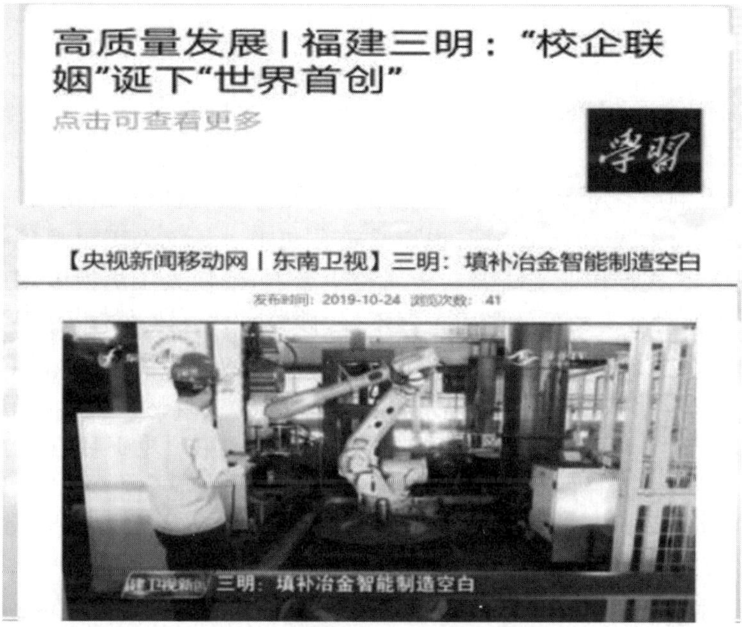

图 4　学习强国刊登创新班设备

图 5　时任福建省副省长杨贤金，省委教育工委书记、省教育厅厅长林和平察看创新班设备

附：

项目驱动创新班工程实例
——基于机器视觉全自动砂轮片在线更换系统

福建三钢闽光股份有限公司（以下简称“三钢集团”）是福建省最大的钢铁生产企业，其棒材厂圆棒车间生产各型高品质圆钢型材，年产量达80万吨。生产的圆棒材需按用户的要求分段切割成标准长度。随着圆棒线产量的逐年增加，原冷剪机剪切棒材能力已显不足，伴随出现严重的圆钢端部“马蹄印”、端部断面毛刺以及剪切端部开裂等问题，会直接影响产品质量。为此，企业增设砂轮片锯切设备，所使用的大型砂轮片属于易耗件，满负荷生产70分钟就磨损严重需要更换。传统人工更换砂轮片，由于砂轮片质量和直径大，现场作业受高温和金属粉尘影响，致使人工更换效率低且成本高，同时由于人工更换对轴头锁母的紧固把握不好，砂轮片高速转动过程中易发生爆片现象，高速转动的砂轮片发生爆裂不仅影响了正在切割中的圆棒质量，而且危及工作人员生命安全和砂轮锯设备安全，裂开的砂轮碎片必然导致中断整条生产线的正常运行。因此，为解决提升圆棒材切割自动化所带来的问题是采用砂轮锯片自动在线更换系统。而该智能化更换设备的研发与应用需要考虑如下问题：

（1）由于砂轮片内孔与砂轮锯主轴外圆径向间隙仅为0.1毫米，要实现砂轮片智能化更换，需要考虑砂轮片内孔中心与砂轮锯主轴中心的对中精度问题。

（2）砂轮锯主轴轴头M80锁母紧固扭矩须控制在4000牛·米，否则易造成砂轮片爆片。

（3）砂轮锯现场管道及其他设备多，现场可利用空间宽度只有1.15米，开发的智能化更换设备需要克服局部空间狭窄的问题。

（4）开发的智能化更换设备需能适应国内外砂轮片供货厂商的产品（砂轮片质量48～100千克，直径800～2250毫米）。

为解决以上问题，闽光学院项目创新驱动班组成师生科研攻坚团队，研发两台（套）设备用于实现砂轮片智能更换：一台（套）是负责轴头锁母和定位法兰盘的自动化拆装；另一台（套）是加装柔性机构的六轴机械臂，用于抓取更换砂轮片。科特派团队聚焦于精密机械结构设计、控制算法的研发、调试与自动控制设计，开展轴头锁母、定位法兰盘自动化拆装设备和加装柔性机构的六轴机械臂的研发。研究内容如下所述。

1.加装柔性机构的六轴机械臂开发

（1）针对机械臂前端柔性机构真空吸盘在抓取大型砂轮片由水平位置转向垂直位置时，砂轮片在垂直方向产生20毫米左右下落，而砂轮片内孔与砂轮锯主轴外圆径向间隙仅为0.1毫米，影响砂轮片的对中安装操作。科特派团队采用较为成熟的CNN算法，同时结合深度学习与最佳阈值算法，将所抓取砂轮片的前后两张照片提取图像特征，分析柔性机构垂直形变，实现了0.01毫米的补偿精度，进而准确引导加装柔性机构的六轴机械臂精确完成抓取新砂轮片到安装位置，实现对中安装精度达到20微米以内（图6）。对主轴的中心定位和真空吸盘形变位移误差的高精度补偿，体现了该系统的智能化水平。

(2)借助机器视觉技术,采用基于图案轮廓特征的高精度定位模板匹配算法,实现新、旧砂轮片叠放位置的识别和定位(图 7);考虑到砂轮锯主轴的定位以及恶劣工况下的运行影响,提取砂轮锯主轴特征用于精确基准定位,在基于最小二乘法的视觉标定系统中,将成像平面特征点标定在通用坐标系中,结合深度学习理论,开发砂轮锯主轴中心定位算法,并与 ABB 机械臂进行通信。

图 6　砂轮片安装精度高达 20 微米

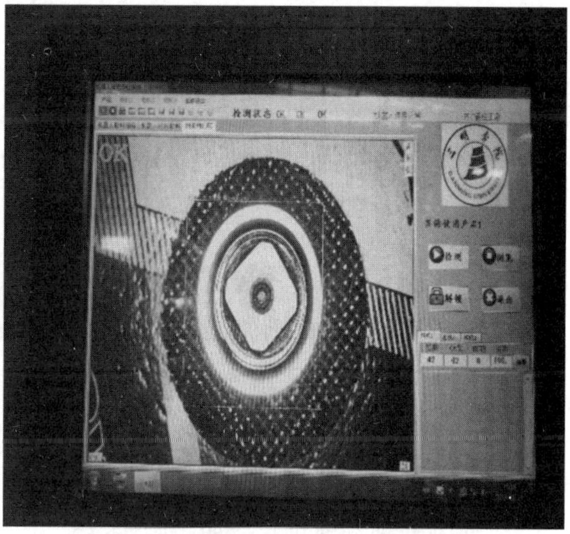

图 7　深度学习下高精度机器视觉定位

2.轴头锁母、定位法兰盘自动化拆装设备开发

(1)为解决设备安装空间狭窄问题,借助三维建模仿真技术,设计紧固件拆装机械手用于大型砂轮锯轴头锁母、定位法兰盘的拆和装,实现定位法兰盘和垫片以及螺母的固定;采用风炮技术和精密设计的梅花套筒拆装和紧固轴头螺母,配合研发的反馈型数字可控风炮调节系统避免过度旋紧螺母引发的砂轮片爆片。

(2)考虑到砂轮锯主轴的定位以及恶劣工况下的运行影响,砂轮锯主轴特征受到工业现场大量金属粉尘的影响导致特征损失,结合深度学习理论,开发砂轮锯主轴中心定位算法,并与轴头锁母、定位法兰盘自动化拆装设备进行通信。

3.设计开发基于工业以太网的多系统数据通信系统,保证了全套系统的自动化与远程一键操作

创新地实现了安全稳定的工业以太网与信息管理网的有机融合。采用以太通信协议实现了轴头锁母、定位法兰盘自动化拆装设备、六轴机械臂、机器视觉系统、手持操作电脑以及总控室系统等复杂多样的数据平台之间的信息传递及安全隔离;实现了生产无扰的安全在线不停产改造和分布式的远程数据访问技术。数据的统计告别人为操作的历史,使圆棒生产线管理走向科学性、快速性和准确性。

基于项目驱动的生物技术专业应用型人才培养实践

——以“三明学院 & 欧瑞园绿色食品工业”项目驱动创新班为例

执笔人：邢建宏，许明春

内容提要：应用型人才培养要求我们在育人过程中要“由里及外”，联合地方龙头企业走好产教融合之路。本文以“三明学院 & 欧瑞园绿色食品工业”创新班为例，从设立背景意义、运行机制、教学成效和存在问题与改进方向等方面探讨了项目驱动创新班的应用型人才培养模式改革，以期为应用型本科高校创新人才培养工作提供借鉴经验。

关键词：创新班；项目驱动；校企协同；人才培养模式

一、引　言

项目驱动创新班是三明学院“五位一体”应用型人才培养模式的重要组成部分。通过项目驱动创新班，把业界和学校紧紧联系在一起，学生的主体地位得到充分体现，应用型人才培养更接地气。创新班也是三明学院推进新工科人才培养的重要尝试，希望通过创新班精英育人模式，培养跨界融合、创新实践、专业强、素质优的企业迫切需求的应用型人才。2018 年 7 月，在三明学院副校长、生物工程福建省应用学科带头人张君诚教授指导下，三明学院与福建欧瑞园食品有限公司达成合作，共同创办了“三明学院 & 绿色食品工业”项目驱动创新班，探索校企深度融合的应用型人才培养模式。

二、创新班设立背景

2015 年 11 月，三明学院积极响应国家关于“引导部分地方普通本科高校向应用型转变”的号召，出台《三明学院应用型转变试点工作方案》，开始应用型转型发展的深入探索，提出了专业群、产业学院、项目驱动创新班、应用型教学团队和课程的“五位一体”应用型人才培养模式。以专业群和产业学院为平台，组建项目驱动创新班，对接产业链多元需求，于专业群中双向选择学生，政校行企精准定制实施教学方案，使以能力导向的人才培养从理论落地为实践应用。以产业需求为导向驱动教学实践，组建特色应用型教学团队、构建协同跨界的课程体系、创新实践政校行企合作机制，带动教学改革从浅层局部向深度全面转变。

“三明学院 & 欧瑞园绿色食品工业”项目驱动创新班主要依托三明学院资源与化工专业群。创新班学员主要来自资源与化工学院、经济与管理学院和艺术与设计学院，涵盖生物技术、市场营销、机械设计制造及其自动化、产品设计和动画 5 个专业，积极构建共享应用型人才培养模式，创建优质共享型专业教学资源，培养“双师型”师资队伍，建设开放共享的绿色食品工业训练基地(图 1 和图 2)。以生物技术专业为核心专业，以培养食品与生物技术行业需求的高素质应用型人才为目标，以高素质应用型人才培养模式构建、工程训练基地建设、师资队伍建设为重点，积极探索理论与实践结合、课内与课外结合、科学与职业素养结合的生物工程新工科专业建设。

图 1　创新班全体成员合影留念

图 2　开班仪式上企业负责人为创新班学员做动员讲话

创新班以“绿色休闲食品开发与产业化”项目为驱动，采取“培训＋轮岗实习＋定向培养‘三步走’”的实训方式，实行“管理企业化”“作品产业化”的改革思路，按照“工学结合”的实训模式，帮助学生全面提升就业核心竞争力。

三、创新班的运行机制

（一）学生遴选与管理办法

创新班面向全校三年级学生招生，择优录用，每期招生一个班，人数不超过 30 人，为期一学期。为了不影响原有专业教学，创新班教学以第二课堂方式进行。

创新班实行淘汰制，同时吸收相应人数的非创新班同学加入。创新班的人数根据资源与化工学院现有教学资源确定，原则上创新班学生人数不得超过 30 人。专业退出和准入严格遵循自愿、公平、公正以及双向选择原则。

（二）教学过程管理

创新班面向全校学生，在教务处和双创学院的协调和管理下，以资源与化工学院为主体，成立“三明学院 & 欧瑞园绿色食品工业”项目驱动创新班综合协调管理机构，负责招生、制订培养方案、设置课程、安排教师和教学组织。配备专门师资和班主任，负责教学和教学管理工作。

创新班以“绿色休闲食品开发与产业化”项目为支撑，采取课程教学与课题实践结合、以项目教学为核心的方式进行教学。针对项目内容需要和学生综合能力训练的目的，设置 8 门课程，学分 8 分，由本专业应用型“双师”（创新导师）、校内跨专业教师、业界导师（欧瑞园高管、技术骨干）组成，形成应用型教师团队。三支教师队伍通过项目化、任务化、课程化教学模式改革，完成项目需要的课程教学和项目预期成果研究，指导学生，达到在教学能力、创新能力、应用型人才培养等诸方面提升和服务地方绿色食品产业中实现应用型教师团队建设的目的。

与传统教学方式不同，项目驱动教学模式要求以学生为中心，充分发挥学生的主动性、积极性和创新精神，使学生置身于探索知识的情境之中（图 3）；教师在整个教学过程中只是起组织和指导的作用，从根本上将传统课堂上的老师“满堂灌”的教学方式转变为以学生为主体、教师为主导的教学方式。

创新班课程考核以过程考核为主，参照企业实习员工考核标准，由创新班指导老师团队依据培养方案制定考核方案和评价标准。指导老师每天对每位同学在课堂讨论、岗位实践和参与集体活动中的表现打分，学习结束后统计每位学生在各个环节所有时间段得分，并计算平均分作为学生最后学习成绩。

图 3　创新班学员学习过程剪影

(三)学习档案管理

为了提升创新班管理规范性,保证教学质量,创新班参照普通课程的档案管理模式开展教学档案的收集、整理和保管。每门课程都要求授课老师要根据创新班人才培养目标量身定做教学大纲和授课 PPT,并在课后统一上交保存,为后续创新班学员的学习积累资料。创新班学生名单(学院、专业、年级等有关信息)、开课计划、课件、考核成绩等均由资源与化工学院统一保存。创新班授课质量监控纳入资源与化工学院正常教学管理当中。

(四)保障机制

学校安排专项经费,支持项目驱动创新班所需的教学经费,每门课程按照预算,给予全额拨付。教师工作量按照校教务处和人事处《关于年度考核教师教学工作量的计算办法(试行)》进行计算。外聘教师按《三明学院校外兼职教师聘用与管理办法(试行)》和《三明学院"一课双师"工作实施方案》的通知进行。合作企业提供驱动创新班充分的教学物质保障。创新班学生课程合格结业后,可以等效第二课堂学分和部分专业任选课学分,激发学生参与创新班学习的积极性。图 4 为创新班企业学习结业合影留念。

图 4　创新班企业学习结业合影留念

四、创新班教学成效

(一)创新班使学生深刻感受到了企业管理环境,培养学生"零距离就业"

迅速适应企业的管理环境是用人单位的普遍要求。学校管理育人与企业管理的手段和方法往往差别很大,学生没办法通过学校的管理行为体会到企业管理。创新班逐渐缩小了校园文化与企业文化的距离,在一定程度上了解、熟悉并认同企业文化,强化了学生职业道德和职业素质教育。

创新班的学习,使学生能够将所学专业知识、所形成的能力与生产实际相结合,实现在学期间与企业、与岗位的零距离接触,快速树立起职业理想,养成良好的职业道德,练就过硬的职业技能,从根本上提高人才培养质量。

正如参加创新班的同学在学习总结中写道:"一个月去感受实践,发现自己有很多的不足,也发现自己的优点。有机会提前去公司实习,让我们了解社会,了解社会需要什么样的人才,更重要的是了解我们与社会需要的人才的差距,让我们更清楚目标,让我们更有活力。"

(二)多专业融合的培养模式,培养了学生综合能力

创新班以专业群为依托、创新性项目为纽带将不同专业背景的学生集中到一个班级。

学校从 2005 年开始实行"以就业为导向,实施分类实习"的措施,指导每名学生根据个人实际情况,明确自己的就业方向;学校按学生的就业意向安排实习,让学生把实习与就业联系起来,在实习期间为自己的就业做好充分的准备,按照自己选定的就业方向去努力,为将来的工作打下坚实基础。

(三)以解决企业实际问题为导向,学生创新意识和创新能力得到了提高

项目驱动教学模式是根据学生已有的知识、水平、经验和兴趣来选取适合他们的项目。项目驱动教学的过程中随着项目的不断推进和层层深入来引领课程的学习,带动课堂教学的开展。在教师的引导下,学生通过不断探索和自主解决需要解决的问题,自然而然地进行新知识点的学习,进行发现问题和解决问题能力的训练,创新意识和创新能力得到了提高。

(四)以项目为纽带,促进多要素相融合的"师生共长"育人模式

首先,项目驱动创新班的开展,让学生更加深刻认识到校园与企业的区别,学校注重的是培养与教育,而企业更加注重的是生存与淘汰。逆水行舟,不进则退。创新班使师生共同深刻地了解了现代职场的规则和所需要的能力,这为老师的教和学生的学都提供了新的改革方向。其次,创新班的经历让学生认识了很多跨专业的老师和同学,同学之前的友谊更加亲密无间,创新班学生和带队老师、业界老师的师生情谊也更加浓厚,真正起到了言传身教的作用。

(五)利用真实职场体验,培养了学生的团队意识和竞争意识

创新班通过现实的职场环境,以学习小组为团队,给予学生充分的团队合作能力的培养和锻炼。业界导师通过每天的工作考评和激励性奖惩措施,使学生深刻领悟到优胜劣汰,没有竞争,无以求发展的人生哲理,塑造了正确的价值观,为今后的求学、就业提供了积极的促进作用。参与创新班的同学在自己的学习总结中写道:"通过这次的实习,我明白了适者生存是社会一成不变的潜规则。当我们还是学生,我们可以躲在温室里,可以依赖,也可以无条件地索取;一旦踏入社会,我们就必须让自己独立起来,要学会选择,学会自己做主,没有谁可以帮谁一辈子,社会是一个竞争的社会,我们处的时代讲究优胜劣汰,不能独立,势必就要被社会淘汰。所以,我们要学会摆脱依赖的心理,让自己慢慢独立,自己为自己负责。工作必须要积极主动,服从领导的指挥。工作后不再像在学校里学习那样,有课堂,有作业,有考试,而是一切要自己主动去学去做。"

创新班人才培养模式成效明显,获得学校认可,在 2018 年 10 月我校开展的第二届"教学相长月"活动中,本创新班获校"五佳项目驱动创新班";在 2018 年 11 月校优秀教学方法、课程考核改革案例评选中,"三明学院 & 欧瑞园绿色食品工业项目驱动创新班——人才培养模式改革探索"获校优秀教学改革案例。

五、创新班人才培养模式存在问题及今后改进方向

(一)人才培养方案与管理制度还需改进

学校要以创新性项目为中心,与企业的生产经营的重心结合起来,与企业共同设计学习环节,统一培养路径。这可以从以下几个方面改进人才培养方案:一是管理过程中加强人文关怀,提高学生的实习积极性;二是加强学习指导,引导学生积极思考和总结,

提升创新意识和创新能力;三是丰富学习内容,将专业知识与企业实际需求有机结合,促进学生职业素养的形成;四是建立学习评价机制,加强学习经验总结,有针对性地改进学习工作。通过管理制度改革,激发学生参与创新班学习的积极性。建议由学校组织各学院制定关于创新班跨专业课程学分置换的标准,增强学生学习的积极性。

(二)质量监控体系尚需完善

创新班的人才培养活动还在探索之中,目前仅从学生出勤、参与课堂讨论和岗位实习的积极性等方面来考评学生学习效果,尚未形成全程性、服务性、持续性和反馈性的创新班质量监控体系。今后学校应与企业共同完善创新班质量监控体系,确保提高学习质量。一方面,要从制度入手,校企双方联合制定学习计划、学习大纲、学习管理等制度;另一方面,校企双方要加强学习指导,保证学习过程中围绕教学质量目标循序渐进地开展各项活动,学习质量监控要通过目标体系层层分解,落实到指导教师和实习部门,并与岗位职责和岗位考核有机结合。

(三)双师型教学团队建立机制尚需探索

创新班目前的教师队伍仅仅为学校老师和企业骨干的简单组合,企业导师在教育教学理念和方法方面还需要加强,而学校老师又缺少实践经验,两者缺乏有机融合。今后应该深化校企合作机制建设,有机结合企业员工的实践能力和高校教师的理论优势,有效保障创新班的教学质量。双师型教学团队可以从两方面着手:一是从合作企业中聘请一部分专业素质高、业务能力强、事业心强的员工担任实习指导教师;二是选派专业教师深入合作企业锻炼,学习企业管理经验,提高实践能力,更新实践教学内容。

(四)学生心理方面的教育需要跟进

现在的大学生由于父母的娇惯,抗挫折能力普遍较弱,与人打交道时不善于从对方角度考虑问题。在创新班下企业学习的开始几天,好多学生对企业导师的教育方式抵触情绪较大,不能虚心接受企业老师的批评和建议。因此,实习前要提醒学生企业不同于学校,企业导师不同于学校老师,学会正确地处理与企业导师和同事之间的关系是融入社会的重要一课,即便在实习中受到批评,也要虚心接受,发现自己的不足,同时尊重企业的实习安排任劳任怨,以出色表现为学校争光。

六、结　尾

设立项目驱动创新班的目标是落实专业群和产业学院的育人本位,培养适应社会经济发展需要的实践能力强的应用型人才,创建具有特色的应用型人才培养模式。这一改革的核心是加强产业合作,建设专用实践基地,校企联合培养,强化实践教学。今后创新班要以专业群为背景与合作企业全方位对接,突出跨界融合的特色;要从解决企业生产经营中的问题入手,突出创新人才培养的功能;要以毕业设计与创新创业项目等为载体,突出应用型人才培养的本质。

风景园林专业 VR 设计人才培养实践

——以“VR 设计项目驱动创新班”为例

执笔人：魏丽萍

内容提要：VR 设计项目驱动创新班依托绿色建筑产业学院和土木与园林专业群 VR 课程资源建设项目、VR 设计和 VR 场景输出项目，以及光辉城市（重庆）科技有限公司、福建海姆科技网络有限公司幸福家园 VR 孵化器企业的项目等，开展校企合作，开发新的教学模式，建设土木与园林专业群及三明学院其他适合 VR 教学的专业 VR 课程资源、VR 教学教材。VR 设计项目驱动创新班培养了学生 VR 设计能力，并且把 VR 设计能力作为风景园林专业、土木与园林专业建设群的人才培养特色，以课内课外、校企相结合，强化实践，提高学生专业实践能力和创新能力，提升人才竞争力。

关键词：VR 设计；创新班；专业特色；人才竞争力

一、引　言

VR 设计项目驱动创新班依托绿色建筑产业学院和土木与园林专业群于 2018 年 6 月获批成立。VR 设计项目驱动创新班重点培养学生 VR 软件设计与运用能力和创新能力，培养学生参加专业竞赛和创新创业竞赛。创新班重点和光辉城市（重庆）科技有限公司、福建海姆科技网络有限公司幸福家园 VR 孵化器企业、福建立得尔网络科技有限公司进行 VR 人才培养和项目建设合作。绿色产业学院和土木与园林专业群 VR 课程资源建设项目、VR 设计和 VR 场景输出项目，是创新班前期最核心和最迫切需要实施的项目，合作企业的设计项目和教师的横向项目则是创新班的重要教学案例。

二、相关背景介绍

2018 年教育部办公厅根据《教育信息化“十三五”规划》的总体部署，印发了《2018 年教育信息化和网络安全工作要点》文件（教技厅〔2018〕1 号），明确将虚拟现实技术列入教育信息化的年度重点工作任务，推动信息化 2.0，明确要求全国高校、中小学、职教等深入推进信息技术与高等教育教学深度融合，推动大数据、虚拟现实、人工智能等新技术在教育教学中的深入应用，并落实责任明确到教育部各职能部门。其中，列入高教司责任的工作任务为，深入推进信息技术与高等教育教学深度融合，加快网络优质教育资源建设与应用，加快推进示范性虚拟仿真实验教学项目建设，项目运营平台上线运行。

VR技术是一种可以创建和体验虚拟世界的计算机仿真系统，它利用计算机生成模拟环境，是一种多源信息融合的、交互式的三维动态视景和实体行为的仿真系统，使用户可以沉浸到创设环境中。VR技术的特点就是多感知性、存在感、交互性、自主性，在空间认知、构建，设计实训，建筑、规划，风景园林从无到有的设计，建筑空间和构造，工程实训，设计汇报等方面都具有非常大的应用潜力。

三明学院作为地方性应用型本科院校强调应用型创新性人才培养模式，走特色办学之路，科学构建实践教学体系，深化应用型人才培养模式改革，组建了省级专业群5个和校级专业群3个，成立产业学院10个，构建专业群、产业学院、项目驱动创新班、应用型教学团队和课程的“五位一体”的应用型人才培养模式，施行个性化教育，以课内课外、校企相结合，强化实践提高学生应用实践能力和创新能力。

绿色建筑产业学院是三明学院、福建一建集团和广联达科技公司共同构建绿色建筑创新研究和成果转化支撑平台，将积极开展绿色建筑科学研究，深化产教融合校地合作，服务区域经济发展，为绿色产业发展提供强大的人才支撑。土木与园林专业群依托工程材料与结构加固福建省高校重点实验室、竹资源开发利用福建省高校重点实验室、三明市城市与桥梁建设院士工作站、海西(三明学院)园林景观规划与设计院士工作站，以建筑工程、市政道路、风景园林等施工企业及建筑设计院、景观设计工作室为平台，开展一系列的地方材料新技术研发(如三钢废弃材料再利用技术等)、城市景观、园林绿化、美丽乡村规划设计和横向科研、服务项目，促进产业的跨越发展，努力将地方材料再利用技术与地方基础设施建设相结合，将土木与园林专业群的实训基地，专业群建设与应用型本科高校建设相融合、与新农村建设相融合、与三明城市建设相融合，形成“专业群创新班”跨专业培养模式。

通过VR设计项目驱动创新班的创设，校企开展合作，开发新的教学模式，开发建设土木与园林专业群及三明学院其他适合VR教学的专业VR课程资源和VR教学教材，并以项目带动学生创新创业，提高学生的专业兴趣、学习动力和自主学习能力，提高学生创新思维能力和设计能力，形成土木与园林专业群甚至是三明学院的人才培养特色，提高应用型人才竞争力。

三、主题内容

(一)创新班具体工作开展的内容

1. VR课程体系建设、人才培养和师资培训

与光辉城市(重庆)科技有限公司在教学内容和课程体系改革项目、实践条件和实践基地建设项目上开展了初步合作。

(1)课程体系建设。

A类项目:虚拟现实/仿真建筑类课程建设。借助光辉城市30万用户检验的产品结合泛建筑学课程中信息传达、空间体验等一系列需求，探索基于Mars的教学改革方案，建设设计核心课、设计基础课、技能拓展课三类课程。

B类项目:虚拟现实/仿真建筑类教学资源建设。使用Mars虚拟现实技术，合作产出可用于教学的虚拟现实教学资源、虚拟现实资源库建设以及泛建筑学立体教材制作。

C类项目:“岗位引导式”人才培养模式。围绕“促进产业与专业对接,建立‘岗位引导式’人才培养模式”的目标,基于建筑、园林、景观、室内设计等专业,研究、开发针对性强、特色鲜明的专业型课程体系和岗位及课程实训系统,最终建成一批高质量、可共享的课程体系和培养方案。实现教学过程与生产过程对接、课程与技能对接、专业与职业对接,并共享示范课程以辐射更多院校。

(2)实践条件和实践基地建设项目。

基于对人才培养模式以及产学研模式的探索,依托光辉城市现有虚拟现实/虚拟仿真学术科研基础和配套环境基础,合作建设虚拟现实教学实验平台,虚拟现实教学资源库,虚拟现实联合实训室、实训中心、实践基地等,将相应课程纳入相关实践或实训环节中,通过国内领先的VR技术、方案以及管理方式和教学内容,生产优质可共享的VR课程资源,培养优秀的虚拟现实信息化师资团队。

(3)光辉城市(重庆)科技有限公司提供虚拟现实及相关3D设计的师资培训并制订师资培训计划,不少于10课时。学生参加暑期和寒假的设计工坊培训。

2. VR项目建设和竞赛

(1)与福建海姆科技网络有限公司幸福家园VR孵化器、福建立得尔网络科技有限公司合作,学生参与到具体项目的建模和U4设计(图1至图4)。

图1 师生团队在VR公司参观和体验,了解VR相关技术知识

图 2　学生参与福建立得尔网络科技有限公司的小区景观 VR 设计

图 3　学生参与福建立得尔网络科技有限公司的园林景观 VR 设计

图 4　学生参与福建立得尔网络科技有限公司拙政园 VR 设计

(2)与光辉城市(重庆)科技有限公司合作制作园林景观设计资源:次世代真实环艺景观模型,涵盖树木、花卉、环艺配景、动物等各种园林景观相关模型及配景;次世代真实室内设计模型,涵盖家具、电器、厨卫等各种室内设计模型;配备次世代真实室内设计材质,涵盖墙面、地面、玻璃、金属等各种室内设计材质;sketchup 模型库和 3DS MAX 模型库,包含建筑、园林景观、室内、规划等成组模型,同时包含单一的植物、汽车、人物、喷泉、凉亭、古建筑及各种家用电器、家具、家装摆件等,配套效果图资源库;建设风景园林景观设计案例。

(3)福建海姆科技网络有限公司幸福家园 VR 孵化器企业在三明学院成立 VR 俱乐部,举办 VR 设计竞赛。

3. VR 创新创业

依托创新班,2017 级风景园林专业的学生支轾、孙诺兰、姜柳冰三位同学的"三明学院 VR 设计项目驱动创新班项目建设——大田红军村建设"项目获得 2018 福建省"青年红色筑梦之旅"奖补项目,奖补资金 5 万。该项目主要是依托创新班,开展校企合作、校县合作,运用 VR 技术,模拟创设出中共泰宁县委、县革委会机关遗址、大田区革命委员会(苏维埃政府)(大田村上墹自然村杨氏祖屋太和堂)、新华庵红军驻扎休整地遗址等场景,助力大田的红军旅游、文化和经济建设。

(二)创新班后期加强内容

(1)申请光辉城市(重庆)科技有限公司产学协同育人项目,加强 VR 课程体系建设、人才培养和师资培训。

(2)加强校企合作、校县合作,运用 VR 技术,模拟创设出大田红军村、高传遴烈士墓、傩舞表演、蚯蚓灯制作、农民运用会等场景,完成大田红军村建设的 VR 项目,做好结项。

(3)开设 VR 软件课程、VR 设计实践课程、VR 工程实践课程,运用具体的项目案例,开发 3 类课程资源——建筑构造与材料、园林建筑、园林工程;结合 UE4 引擎技术实现交互与 VR 软件表现和体验的案例课程 3 个。

(4)参加 VR 行业和学术会议,了解行业发展情况、发展方向和前景,加强师资队伍建设。

(5)带学生参加 VR 设计竞赛和横向项目,跨专业跨校合作建设 VR 教学资源和设计资源,提高学生合作、专业实践和创新创业能力。

(6)完善创新班学分与第二课堂学分转换机制,提高学生专业学习兴趣和自主学习能力。

四、创新班特色亮点

VR 设计项目驱动创新班通过项目驱动的方式,和企业充分合作,充分利用 VR 技术的多感知性、存在感、交互性、自主性技术特点,创新"真实尺度空间建构"教学模式、"真实尺度沉浸式"教学演示和实践教学模式。

(一)创新"真实尺度空间建构"教学模式

传统建筑空间的教学方法与如今建筑空间实践的要求已逐步脱离,原有注重构图与形式的空间建构方式也慢慢被以空间体验与建造为主的建构方式取代。"真实尺度空间建构"以真实尺度空间的建造实践过程为主,可以更好地体验空间塑造过程,加深人们对空间的材料、构造、结构等的了解与体验。创新班通过搭建虚拟仿真实验环境,增加学生空间认知、尺度把握的手段和途径,激发学生学习兴趣,帮助学生理解空间、环境等相关专业知识;增加学生的设计手段,促进学生进行"探究式、自主式"学习,提升学生专业综合实践能力;开放设计过程,强化互动与协同,提高学生的方案设计创新能力。

(二)创新"真实尺度沉浸式"教学演示

应用于园林建筑空间设计,实现空间的真实尺度预览,在设计和视觉效果上打造一个无缝的桥梁;应用于景观环境设计,通过"真人"视角获得"现场"感,真切感受园林真实尺度空间"起承转合"和"意境",实现设计最优化;应用于大师作品体验平台建筑遗产虚拟复原生产实践等。

(三)创新实践教学模式

将虚拟现实技术运用于专业实践领域,并以专业竞赛为平台,不仅提升了学生对专业学习的主动性和积极性,增加创业就业实践能力,提高人才培养质量,还推进了专业及课程建设改革与优化,进一步缩短学校与企业、社会的距离,为培养高技能 VR 方面的人才提供帮助。

五、创新班成果

VR 设计项目驱动创新班已完成:

(1)大田红军村 VR 设计创新项目:现场调研、场景建模、VR 场景化、VR 成果输出(VR 文件、3D 视频、场景图片等)。

(2)完成完整的一个小园子的园林植物生态种植 VR 案例。

(3)课程资源建设:

①"建筑构造与材料"SU 模型资源:建筑(教学楼、园林建筑、亭、廊、花架等)、景观道路构造、场地、假山、园椅凳、树池坐凳、挡土墙、围墙、景墙、水景等。

②"绿色建筑"SU 模型资源:屋顶花园、墙面绿化。

③"园林建筑"SU 模型资源:大门、亭、廊、花架、大棚温室等。

④"园林植物生态种植":完整的一个传统园林的园林植物种植 VR 案例,场景建模、VR 场景化、VR 成果输出(VR 文件、3D 视频、场景图片等)。

(4)2015 级和 2016 级风景园林 1、2 班毕业设计,SU 建模和效果图输出:幼儿园建筑、校园建筑、儿童公园、社区公园、运动公园、音乐主题公园、综合公园等。

(5)参与企业的案例项目:参与植物资源建设、著名建筑模型、园林模型建设。

(6)地方性建筑调研和部分构建建模:福州三坊七巷建筑、泉州闽南建筑、建瓯信仰建筑和根雕小品、尤溪古民居、三明时代建筑(知青建筑、公社楼、宿舍楼等)。

六、经验总结

(一)实施过程中存在的困难

(1)以项目驱动对学生要求能力很高,学生能力有限,影响了教学效果。有些项目从项目调研、设计、SU建模、VR渲染等各个环节,学生由于课程忙,没有时间,也由于软件运用不熟,因此执行力和设计、建模和渲染等软件使用能力和专业设计能力还需加强提高。

(2)企业导师上课时间有时候难以按时保证。有些课程通过网络资源教学,设计实践指导无法保证。

(3)VR创新班需要专业的机房和VR教室,硬件和软件支持是最大的问题,由于招投标问题VR软件和硬件都没有及时到位,影响了课程的开设和毕业设计使用。

(4)创新班学分置换制度,学生不是很在意,学生更希望是得到第二课堂的创新学分和软件操作证书,希望通过创新班的学习,通过参加项目,提高自身的软件操作水平和设计能力,希望更早为毕业设计做好准备,为将来工作做好准备。

(5)创新班应该具有延续性,不是一次两次,而是真正持续地进行,而且要加强企业在创新班的作用,甚至由企业主导创新班,以企业的真实案例作为驱动项目,真正培养社会、企业需要的专业人才。

(二)解决、改进方案

(1)学生执行力以及设计、建模和渲染等软件使用能力、专业设计能力的加强提高,需要:

①加强平时专业课程教育的锻炼和更多地参与竞赛。竞赛是最有效的方式,一定时间完成参赛作品,锻炼小组合作能力、设计能力、软件操作能力和执行力。

②通过完成企业项目任务,企业给出命题,小组完成,并给予一定奖励,提高执行力。

(2)企业导师指导问题,通过网络教学和定期指导,培养校内教师实践能力,通过项目驱动可以锻炼校内教师的实践指导能力和软件综合运用能力。

(3)VR专业的机房已经完成,下一部需要完成VR教室建设,需要解决产地问题,VR软件目前是先由企业支持几个点的学生版账号,下一步需要解决VR软件购买问题,计划2017级风景园林毕业设计可以使用上VR设计和输出VR成果。

(4)在创新班实践过程中,以项目、竞赛,分小组,任务驱动的方式,软件学习效果和教学效果最佳。以毕业设计为例,学生通过10周左右的毕业设计,软件综合运用水平大大提高,总体的设计能力、综合解决问题能力、创新能力都得到极大提高。各类兴趣小组,如软件兴趣小组、植物兴趣小组、绿色建筑兴趣小组、设计竞赛兴趣小组等,以及项目创新班,对训练和培养学生专业和创新创业能力非常有效。

产教融合背景下文化IP设计类人才培养实践

——以“明日明月校园IP项目驱动创新班”为例

执笔人:念家雯,陈　功,张　苑,李　晨,王　芳

内容提要:三明学院主动拥抱文化IP,推出校园IP“明日明月”,并依托“文化创意及衍生产品创新设计”专业群,汇聚党委宣传部、校团委等相关单位力量,成立“明日明月校园IP项目驱动创新班”,开展校园IP的设计开发、市场运营推广等工作,让学生在项目实践中掌握文化IP运维相关技巧,提升专业实践能力。

关键词:人才培养;校园IP;动画;项目驱动创新班;产教融合

一、相关背景介绍

校园IP能够增强学生对校园文化的亲切感,凝聚青年学生的向心力,为此,三明学院以三明市城市地标“麒麟山”和市树“紫荆花”为素材,精心设计了校园IP“明日明月”,并申请了著作权,将之作为学校吉祥物。

三明学院“文化创意及衍生产品创新设计”专业群拥有动画、产品设计、数字媒体技术、传播学、汉语言文学、市场营销等专业,具备校园IP从设计、制作到推广的专业基础。为更好地推进校园IP建设,以艺术与设计学院师生为主要班底的“明日明月校园IP项目驱动创新班”正式成立,创新班不但得到了学校党委宣传部、校团委、艺术与设计学院、文化传播学院、海峡理工学院等部门学院的大力支持,还获得了福建省委网信办、福建共青团、福建省自媒体协会等单位的支持指导。创新班旨在依托专业群与传媒平台,构建与产业群、企业岗位需求相匹配的校园IP产品设计和运维人才培养机制,并致力于服务高校思想政治工作和互联网平台科普、文化传播。

创新班核心成员来自三明学院艺术与设计学院动画、产品设计、数字媒体技术等专业的师生。团队教师包含省连环画插画与绘本智库研究员、包豪斯国际设计协会会员等优秀人才,曾获全国高校数字艺术设计大赛一等奖等荣誉,并拥有丰富的教学经验,同时,团队拥有高校源源不断的智力和人力资源支持,可以根据项目具体需要迅速组建相适应的工作团队。

创新班课程以三明学院校园IP打造为轴心,以成果的“产品”属性转化为重点,通过开展党史故事、时事热点、疫情防控、网络安全、辟谣科普、节日节气等系列动漫作品

的创作与推广，将课程理论知识与项目实训相结合，引导学生充分参与校园IP运维全流程，提高文化IP设计类人才培养能力。

二、创新班的需求定位

（一）实践教学的需求

三明学院坚持应用型办学方向，着力培养能够为产业发展服务的应用型人才，为此，在学生培养过程中更加注重实践能力的培养和产业需求的对接。

“明日明月校园IP项目驱动创新班”在办班过程中紧盯社会需求，创新设计教学课程与项目实践方式，不断推进专业学科建设对接行业标准，使专业实践更加精准、符合产业实际，避免高校文化产业相关专业的培养模式与社会需求脱节。创新班着力培养学生较高的艺术文化创作执行力、创意思维和品牌营销意识，成为能够充分助力校园文化提升与打造“网红”IP的主心骨，达到为产业服务的目标。

（二）校园文化的需求

全媒体时代的到来对地方高校校园文化建设提出了新的挑战，高校在校园文化建设中急需符合青年大学生认识规律、贴合他们日常习惯的形式创新。校园IP是立足于高校的历史、建筑、生活方式等人文特色而形成的具象化表达，能够以更加亲昵的方式走入大学生的生活中。

创新班的成立能够为高校校园文化建设提供源源不断的素材，提升相关专业学生参与建设校园文化的热情，营造更加青春向上的校园文化氛围。

（三）课程思政的探索

组建三明学院校园IP项目驱动创新班对提升学校的思想政治工作具有积极的促进作用。一方面，校园IP为学校思想政治教育工作树立了“代言人”，能够让主流价值观的表达更加贴近学生的日常生活，增强学生的认同感；另一方面，创新班的开展，能让学生融入学校思想政治教育工作，由被动的“输入式”学习转为主动的“输出式”学习。

三、创新班运行与管理

（一）分阶段推进项目建设

项目驱动创新班是一个“由面到点”“由普遍到特殊”的实践过程。由于教学实践成果在两个阶段呈现出明显的作品属性和产品属性，因此被总结为“实践准备”和“创业实训”两个阶段。

实践准备阶段，创新班立足福建地域文化，指导学生创作了多个福建地域文化IP形象以及动画片：有以“福建三宝”为原型的文化IP化设计，以福建传统建筑营造技艺为灵感的文化IP形象设计，也有呈现惠安地域文化的动画片创作，福建福州、泉州和厦门等具有“作品”属性地域的文化故事动画，为创业实训的深入开展提供了大量理论和实践经验。

创业实训阶段，明确以打造充满地域特色和契合三明学院校园精神内涵的文化IP为目标，组建实践性教学团队，通过市场化手段，鼓励和引导师生的创作由“作品”思维转化为“产品”思维。2020年初，经过近一年的酝酿，三明学院校园IP“明日明月”诞生。2020年10月，校园IP实战化运营场馆“明日明月综合馆”正式投入使用，创新班团队在馆内定期召开研讨会议，形成教学、实践、应用聚集的产品设计矩阵，结合不同受众的需求进行“明日明月”系列文创产品的设计开发，如围绕三明学院党代会、文博会等活动推出校园IP定制物品。

（二）依托多元平台开展教学实践

创新班坚持向产业需求看齐，以专业群、应用型教学团队和课程为支撑，聚焦校园IP的市场化运作，协同校内各方力量，汇集校内外资源共同参与人才培养。创新班与共青团中央、全国学联、福建省委网信办、共青团福建省委、福建广播电视台、福建省自媒体协会、南平市熹延文化传媒有限公司等行政部门、行业协会、一线企业建立密切联系，为作品推广展示搭建了广阔空间。同时，创新班成立了“三明市漫绘晶麟文化传媒有限公司”，以企业的形式开展经营活动，承接校内各单位和校外企事业单位的项目订单，为学员提供最接近实战的实习实训体验。

四、明日明月心向党动画项目课程实训

（一）项目简介

为庆祝中国共产党成立100周年，向党史学习教育提供鲜活素材，明日明月校园IP项目驱动创新班在学校党委宣传部和艺术与设计学院党委的支持下，启动党史题材动画系列作品《明日明月心向党》的创作。为检测团队实战能力以及训练综合专业技能，创新班将教学实践、学生毕业设计和课程思政工作贯通开展，让该项目成为项目驱动创新班第一批毕业生的毕业设计。

该项目于2020年7月份启动筹备，组建了包括学校相关部门工作人员、专任教师和校外媒体专业人士组成的9人教师指导团队，并遴选10名动画专业毕业生作为首批学员，成立《明日明月心向党》项目组。项目组于2020年12月完成4集动画短片的初步制作。2021年1月，《明日明月心向党》项目被确立为三明学院献礼建党100周年项目，获得了学校党委宣传部的指导和支持，并由三明学院艺术与设计学院党委承接。此后，创新班师生团队对动画片进行为期4个月的再创作，最终出品3集约24分钟的动画正片和1份5分钟的宣传推广MV。

《明日明月心向党》动画片将视角聚焦于年轻人，从他们的所思所想出发，用“站起

来”“富起来”“强起来”3个不同时代背景下青年人共同的选择来诠释“青年人该树立什么样的理想”这一问题，引导青年们传承红色基因，做有理想、有本领、有担当的时代青年，为实现中华民族伟大复兴中国梦奉献青春力量。

（二）课程选择

在往常的教学工作中，动画专业课程分散在大学二到三年级，课程内容衔接欠缺，学生的作业成果呈现零散状态，并没有形成“产品”。创新班抓住成果“作品”到“产品”的属性转换开展实战教学，教师指导团队明确以项目带动实践教学的手段，达成“一边做项目，一边促教学”共识，紧密制定“明日明月心向党动画项目课程实训”专业实践课程，将动画制作的主要环节分设为“剧本与分镜脚本创作”“动画角色与道具设计”“动画场景设计”“原动画设计”“上色与检查”“动画摄影”6门课程，由教师指导团队分工合作开展课程实训。

（三）管理安排

项目正式立项后，创新班在艺术与设计学院党委的支持下，进一步充实了项目组，吸纳43名学生，涉及动画、数字媒体技术、播音与主持艺术等专业，涵盖一到四年级学生，形成良好的教师、学生梯队关系。

参加项目组的全体同学经过2天的全流程实训，自由选择加入一门实践课程组，并由教师选择组长和副组长。其后，在一周时间内，组长集中交接项目任务、熟悉项目工作内容。

动画是一个需要紧密沟通的工作，但项目正式设立正值寒假，给创新班师生带来了不小的挑战。为解决这个问题，创新班师生积极开展远程教学，致力于让制作过程中的信息“零障碍”传递，充分利用新媒体技术把握项目进度，利用各类“云端”软件使团队师生共享动画项目资源。为加强团队凝聚力，寒假期间，教师指导团队坚持每天早上9点召开例会，交接讨论课程进展，并带领各组同学开展实训。

为确保远程制作动画的交流准确性，每个课程组都制定专用的信息表，并向创新班所有师生公开，团队之间可以自由阅读。通过现代化办公软件，尽可能地消除空间上的距离感，保证课程教学和项目控制效果。

例如，在原画设计和场景设计完成后，“动画摄影”课程组会根据“动画场景设计”课程组设定的氛围稿和色指定规范，由制片（统筹工作进度的教师）收集素材，在“动画摄影表”上填写并标注“1”，意思是“收集完成”，“2”和“3”由动画摄影同学填写，意思是“正在进行”和“已经完成”，“4”和“5”由摄影监制教师填写，意思是“内审通过”和“素材有错或内审不通过”。这份表格同时对接着“原动画设计”“上色与检查”课程组，并由教师、组长进行上传下达，控制工作进度。

以下将对项目组的6门实践课程从课程背景、课程设置、训练方式到课程效果进行分别介绍。

（四）课程内容

1.“剧本与分镜脚本创作”

剧本与分镜脚本创作属于动画前期创作的重要环节，在“剧本与分镜脚本创作”课程，学生需要搜索、学习相关历史人物和事件，找准故事情节切入点，反复打磨剧本。课程主要具有一定视听语言基础和动画剧本与分镜脚本创作经验、在前期甚至更早已具备海量的观片量、有创作基础积累的高年级同学。

学生从查找文献、搜集素材、撰写剧本大纲和故事梗概到最后剧本的成型、分镜脚本创作，都需要拥有足够的细心和耐心，同时也需要敏锐的眼光锁定适合创作的内容。

2.“动画角色与道具设计”

动画角色与道具设计属于动画前期制作中最重要的一个部分，角色与道具设计的重要性不仅体现在它是每部动画作品中最具符号化及传播性的元素，更是对动画片的风格效果起着决定性作用。动画作品中的代表性角色是塑造动画的灵魂和生命的关键一环，因此本课程需要学生具备良好的造型能力，熟练运用绘图软件，更需要拥有足够的耐心和毅力来面对繁杂的设计工作。

3.“动画场景设计”

动画场景设计在动画片制作中具有举足轻重的作用。动画作品离不开故事情节的演绎、角色的矛盾冲突，但同样，没有场景设计的烘托，亦很难突出和传达情节氛围及角色表演。动画场景设计与传统绘画有着极大差别，它在整个动画片制作的过程中必须与动画制作的其他设计及制作环节协同配合，以最终呈现的整体效果为考量标准。因此，在“动画场景设计”课程中，学生需要充分做好前期预复习工作，了解制作流程、各制作环节的要求，需要具备极强的耐心、严谨的思维、认真负责的态度。

4.“原动画设计”

“原动画设计”课程在动画教学中是一项核心课程，所以在《明日明月心向党》动画项目中，“原动画设计”课程承担了项目中期制作的重任。在前期设定都完成的情况下，“原动画设计”课程主要围绕角色的动作表演展开，师生根据对剧本及分镜的理解，完成角色及部分场景道具的动画线稿绘制。原动画设计环节的制作需要较强的专业基础，所以这个课程主要面向大三、大四的高年级同学，同学们通过项目的实操练习与学习，从自由无章法的零散制作方法，提升到更加与公司接轨的团队制作方法。

5.“上色与检查”

“上色与检查”课程是衔接动画前中期与后期制作实训“动画摄影”课程的重要环节。课程任务烦琐且细腻，在全面深入了解动画制作的具体内容基础上，需要学生具备极强的耐心和严谨的思维。课程主要面向大一、大二的同学，使他们在海量的项目画稿训练中得到意志的磨炼，也在反复的学习中让专业能力得到质的飞跃。最为重要的是，本课程有利于让低年级同学在实训中找到今后动画学习的方向和重点,有的放矢,充分调动起学习的主动性。

6.“动画摄影”

动画摄影制作的好坏决定了在动画片成品效果的完成度。“动画摄影”的课程主要有 3 个工作重点:教会学生熟练运用后期制作软件完成画面合成、运镜和特效工作。在前置课程中,学生已经掌握后期制作软件的基本使用方法,在“动画摄影”课程中,学生将结合具体项目案例,提升对动画摄影的理解和掌握。

(五)课程目标

1.“剧本与分镜脚本创作”

(1)掌握原创剧本写作的一般性原则和经典剧本写作的原理及技巧。

(2)学会利用人物小传写作的一般性原则和具体原理对被选取的人物进行故事撰写。

(3)理解情节与矛盾冲突的一般性原则和具体原理,并在创作中进行运用。

(4)学会运用影视时空创作和表现规则与技巧绘制分镜脚本并制作成动态分镜。

2.“动画角色与道具设计”

(1)前期准备:根据剧本、剧情发展等要求,制订制作计划,其中包括角色设计清单与角色小传,培养学生独立表现角色设计的能力;

(2)制作阶段一:搜集梳理背景资料、整合资料,填充设计清单。

(3)制作阶段二:充分考虑角色与场景、原动画及上色之间的关系。

(4)制作阶段三:按规范导出设计文件,若出现问题可及时返工修改。

3.“动画场景设计”

(1)前期准备:根据剧本、导演分镜稿、人物设计对场景设计环节的要求,检查制作软件,制定制作计划与制作规范。

(2)制作阶段一:建构动画场景空间,确定原画表演空间,标注各镜头场景分层,反复检查动画角色与场景是否叠合。

(3)制作阶段二:充分考虑场景与动画及上色之间的关系,检查动画组上色组件与场景背景、道具完成度,编排归纳场景和道具。

(4)制作阶段三:按规范导出设计文件,与“动画摄影”课程组对接,同时备份源文件,若出现问题可及时返工修改。

4.“原动画设计”

(1)“原动画设计”课程组内分设“原画”“动画”两课程组,分别完成原画设计和动画设计实训任务。

(2)“原画”课程组学生需要分析剧本与分镜脚本,制作出更为具体的分镜详解,将每一个镜头内的动作信息更加详细地描述出来,分析出需要制作动画的角色层和场景层,如图 1 所示。

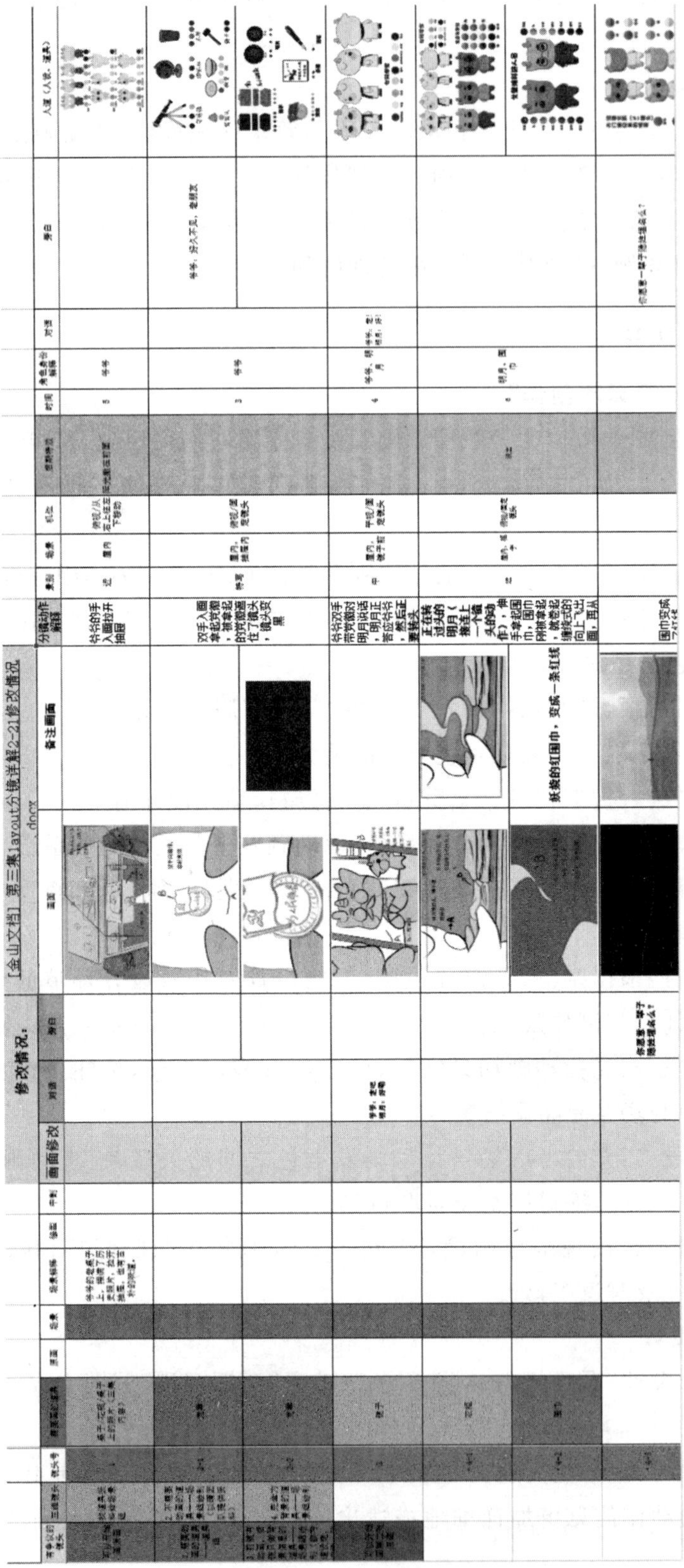

图1 分镜详解

(3)原画工作要求学生学会填写正规的“动画摄影表”来传达自己的设计想法,通过时间帧数与动画分层在表中的对位来把控绘制对象运动的效果。接着,学生需要按照“动画摄影表”绘制原画,并将制作好的工程文件按照规范命名编排后,交予“动画”课程组学生补充好动画中间帧。最后,“原画”组学生再对动画中间帧进行初检,检查无误后转交“上色与检查”课程组,如图 2 所示。

图 2 原画绘制

“原动画设计”课程是《明日明月心向党动画》项目制作中期环节难度最大的部分,学生只有良好地掌握这部分基础知识,才能融入实训工作。该实训课程对学生来说,自我能力发挥空间大,可以充分挖掘学生的潜力。教师通过分派镜头任务—检查动作设计与流畅性—反复修改—多次检查—任务通过等过程来进行教学和指导。

5.“上色与检查”

(1)评估前期色彩设定在中期软件运用当中的可行性,初步检查角色与场景、角色与角色、角色与道具之间色彩的实际搭配效果。

(2)在上色过程中严格按照色彩指定进行逐层、逐帧上色,进一步检查中期原动画线稿的合理性和漏洞,及时反馈并进行修改。

(3)在最终上色完毕后按照每个镜头的摄影表进行分层输出、编排命名后转交给“动画摄影”课程组进行合成。如果在实际合成过程中出现问题,需再次返回上一环节进行修改。

由于“上色与检查”课程在实践运行把控方面难度较大,又主要针对低年级学生,因此要求以教师为主导,重点把控检查内容,将检查过程与注意点详细地告知学生,经过反复修改,得到最终可用的实训成果。教师在教学实践过程中会渐渐发现能力突出、悟性高的学生，并针对性地进行组长培养，逐渐承担初步检查的工作，根据不同学生的特点来分配不同难度的实训任务，形成难、中、易的学生工作梯队。

6.“动画摄影”

(1)在“动画摄影”课程中，负责动画摄影的学生既是分组组长也是学生导演，这就要求学生充分理解分镜脚本设计，构思画面呈现效果，并积极和其他课程组学生沟通确认设计图层分层情况，以便后期工作能提高效率。

(2)学生需要制作接近企业标准的“动画摄影表”，在表内按照规范标注好模板卡镜头、镜头目前完成状况等信息。

(3)在开始制作阶段，学生需要检查完成的场景和原画素材质量，并做好登记，对不达标的素材提出返修意见。

(4)学生需要制作出标准合成模板卡(比如在“明日明月”老家大院内的 10 个镜头采用统一滤镜、统一光影、统一色调)，把无误的素材放入模板卡内，并有序地收集工程文件，以便开展调整与修改工作。

(5)学生根据要求进行剪辑合成配音配乐，输出成片，待全组成员审核成片，查找问题并登记问题情况后进行返修安排。

(六)技能训练

1.“剧本与分镜脚本创作”

(1)运用具体的原创剧本实例，让学生理解并掌握原创剧本写作的基本原则和技巧。在此基础上，教师提供 2～3 个主题或者范围，让学生在指定时间内完成原创剧本的写作。教师根据完成情况对学生的掌握程度做出评价，并利用一定时间进行综合讲评。

(2)运用具体人物小传写作的实例，让学生理解并掌握人物小传写作的基本原则和技巧。在此基础上，教师提供 2～3 个人物原型，让学生在指定的时间和范围内完成人物创造性训练，要求写作的人物符合实际和主题原型人物的设定。教师根据完成情况对学生的掌握程度做出评价，并利用一定时间进行综合讲评与指导修改。

(3)运用具体的情节结构写作实例，让学生理解并掌握故事情节结构写作的基本原则和技巧。在此基础上，教师提供多个情节结构类型，让学生在指定时间内完成情节结构的搭建和具体情节的编排。教师根据完成情况对学生的掌握程度做出评价，并利用一定时间进行综合讲评与指导修改。

(4)运用具体的时空转换实例，让学生理解并掌握影视动画时空表现的基本原则和技巧，让学生对时空转化有进一步认识，同时为分镜制作与后期剪辑做好铺垫。在此基础上，教师提供多个时空结构，让学生在规定时间内完成时空转化的创造性训练，要求符合主题、转换自然顺畅。教师根据完成情况对学生的掌握程度做出评价，并利用一定时间进行综合讲评与指导修改。

(5)通过观摩相近影视动画作品做拉片分析，对经典片段做故事摹写，强化学生视听表现力，用画面镜头表现故事主题；增强学生视听节奏感知力、故事讲述技巧、时空转换、情节结构、情节与矛盾冲突等综合能力培养。

2.“动画角色与道具设计”

(1)在前期准备阶段,由教师遴选4名学生参与课程实训,带领学生通读剧本、详细观摩分镜脚本,要求学生根据剧本及剧情发展需要制定角色清单与角色小传,提炼角色关键词,引导学生根据角色关键词搜集资料并整合信息。

在信息搜集时,教师需要反复强调角色特征的一致性,如强调角色服装和道具设计与剧本时代背景、真实历史资料相一致,此项工作体现了党史题材影视作品的严谨性,如图3所示。

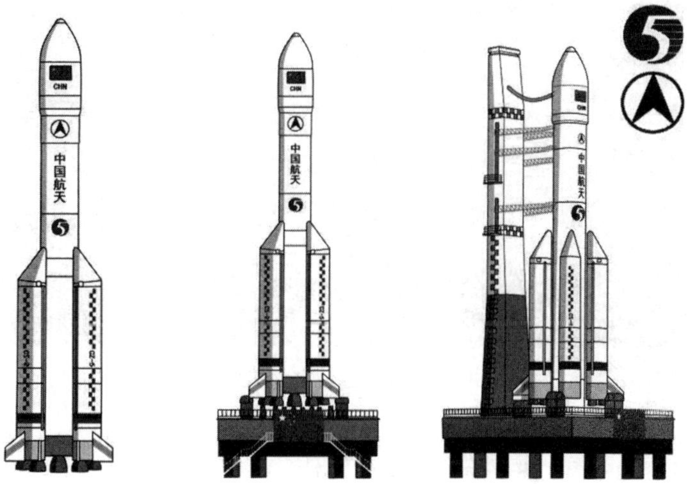

图3 道具设计示例

(2)通过开展专项视频教学,教师向学生布置训练作业并搜集学生问题。针对学生问题制作专项视频指导课件,学生可在共享文档、共享群组中查看到视频课件,有益于学生随时复习与夯实基础。

(3)教师确认设计风格后,安排学生分工实践实训实例,并将审核通过的绘制成果进行编排整理。在课程中,教师还会根据学生需求,开展专项线下指导,及时对学生问题进行查缺补漏解决问题,调整实训任务,以达到实训要求。

3.“动画场景设计”

(1)制订计划:即前期准备阶段,由教师带领学生通读剧本及导演分镜,逐个镜头讲解场景元素、景别变化、氛围等,同时制作分镜详解表。在前期训练过程中,教师定期召开集体讨论会议,将学生容易出错的地方整理出来,方便学生训练时提前预警与反复检查。

如在《明日明月心向党》动画制作中,镜头13—1至15—2共4个镜头,涉及4个不同场景的变化,由角色进行室外至室内再至室外的同位转场,通过光线、场景的变换,以较少的篇幅表现时间跨度的变化。此部分为学生较难快速理解的部分,因此在集体讨论会议时,将向同学们详细解读表格中详细标注的地方。

(2)专项视频教学:教师通过向学生布置训练实例,搜集学生问题并有针对性地制作专项视频课件(图4),学生可在共享文档、共享群组中查看到视频课件,为正式进入项目制作做好准备。

图 4　专项视频课件示意

(3)专项线下指导:在课程中,因个人理解及吸收程度存在偏差,所以需要教师及时搜集学生反馈,开展专项线下指导,结合线下讲授和专项视频课件对学生问题进行查缺补漏,及时解决问题。

(4)梳理学生梯队,形成教师为引领的学生之间的传帮带模式。首先,由于授课对象以大学一年级及二年级学生为主,存在多数学生无动画制作经验或仅部分学生有制作经验的情况,因此在课程训练过程中,教师先通过命题作业标记出不同能力的学生,为不同能力的学生分配制作实例;其次,教师在两个年级中物色 1 至 4 名学生助理,在教师的指导与督促下,学生助理辅助教师通传教学安排、初步把控实训中制作信息对接、监督实训规范等工作。

4.“原动画设计”

(1)小组讨论:根据分镜定稿,与学生们进行讨论,一个一个镜头进行细化,充分发挥学生的想象力,形成初步的分镜详解方案。教师在此过程中把控镜头主旨,及时提出意见,引导和辅助学生做出最终方案。

(2)动画表演:在分镜详解出来后,学生根据镜头内容进行真人模拟表演,寻找出最能展现角色意图、性格或者情绪的动作设计,再根据动画帧数的计算,形成动画动作节奏,填写到动画摄影表中,指导后续工作。

(3)视频教学:制作《明日明月心向党动画》项目使用的软件是 CLIP Studio Paint,原动画设计组的学生虽然大部分知道软件的基本操作,但是在软件实际操作运用中,还是存在风格差异大的问题,需要将软件的使用细节进行统一和规范。基于此,有经验的老师和学生把软件操作重点与具体参数设置标准等通过录屏的形式制作成教学视频,分享给学生们进行下载观看。

视频教学的优点在于学生可以反复观看，不仅高年级的学生可以通过视频学习解决自己的软件操作问题，低年级的学生也可以提前了解到后续的学习任务，达到潜移默化的效果。在疫情防控的特殊时期，这种方式达到很好的教学目的。

(4)针对性指导：根据个别学生出现的特殊问题，教师一对一进行指导和实操教学。

(5)专项培训：对于难度较大且在平时课堂中没有遇到过的镜头案例，教师将及时汇总进行专题教学，让学生能在难上加难的实践过程中得到自我的突破。教师鼓励能力强的学生攻克难题，自行开展专题分享，增强学生的自学能力。

5.“上色与检查”

(1)视频教学：在软件操作上大部分同学都是零基础，所以需要老师和学生通过学习和摸索，把软件操作经验通过录屏的形式制作成教学视频，并上传到课程资料库中供所有学生下载观看，普及软件操作技术，如图5所示。

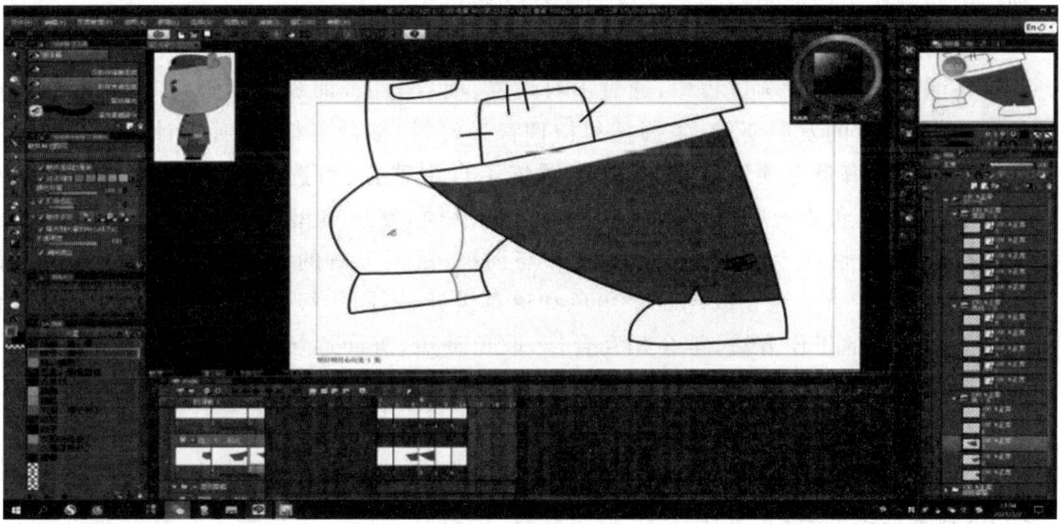

图5　上色与检查视频示意

此外，在组长的帮助下，教师会定时收集教学视频中的实训作业，总结学生们出现的普遍问题，挑选出典型问题进行修改和讲析，以点概面地将制作要点以实操形式展现出来，并录屏制作成视频发在课堂群里，让所有有类似问题的学生都可以得到指导。

(2)线下指导：根据课程实例，教师统一集中地讲解质量要求和制作要点，讲解动画中上色的原理、动画分层原理以及后期合成环节需要的画稿要求。

(3)专项培训：对不同学生出现的相同问题，教师会一对一进行专项培训，针对项目实践过程中出现的特殊问题进行专题讲析，比如“上色漏色原因及解决办法”“线条属性设置及毛边问题的解决”“阴影色抖动的多种情况及解决办法”“画稿分层导出与命名规范”等，确保每位学生都能高质量地独立完成任务。

6.“动画摄影”

(1)教师为学生讲解制作流程，规范文件类型、文件命名和摆放的目录。

(2)开展线上视频课程,熟悉软件界面和操作,示范动画摄影特效,讲解插件的使用技巧。

(3)把所有的工程文件、学习视频、使用素材等都放在共享软件服务器上,让遇到问题的学生可以通过自学的方式解决问题。

(七)课程效果

1.“剧本与分镜脚本创作”

通过教师教学与专题实践训练,真正实现理论与实践相结合,最终以成片检验课程训练效果。通过前期剧本与分镜脚本创作课程的学习,掌握剧本写作的规律与技巧、故事大纲与故事梗概的写作方法、人物塑造的技巧、情节结构的编排技巧以及时空表现的方式方法等,为后续动画项目的顺利开展打下坚实基础。在后续动画创作中,学生不断检视前期创作的得与失,在反复打磨中形成较完善的故事剧本和分镜脚本,形成前期策划—中期制作—后期制作融为一体的闭环结构。

2.“动画角色与道具设计”

在课程的实训教学过程中,通过项目设置、项目分工,训练反馈等环节的锻炼,学生根据剧本、剧情的发展要求,掌握搜集梳理背景资料、整合资料、完善设计文件规范等工作方法。结合海量专项训练,学生同时锻炼了自主整合、筛选、运用素材的能力。在项目推进过程中,负责教师根据学生在练习中的反馈,整理典型问题,在专项视频中对案例进行讲解,开展线上线下专项设计指导与训练,留下丰富的课程视频教学资料。在课程中,学生们高质量地完成超百个角色和道具设计,不同年级的学生在课程学习与制作当中清晰自己的工作方法,学会相互合作,取长补短,进而逐步掌握规范化的项目流程,并为今后各自的动画学习找到方向与重点。

3.“动画场景设计”

根据动画项目制作流程安排训练任务,依据学生能力特点、掌握知识程度设计训练环节,调整训练资料,充分体现了“因材施教”的教育理念。随着学生们对整部动画项目制作的参与,能够逐步认识自己在专业学习上的优势与不足,为自己设置不同阶段的动画场景设计学习目标,明确训练计划。同时,在传帮带模式的辅助下,课程能增进不同年级学生间的沟通交流,打破不同年级学生间的交流壁垒,增进团队协作的凝聚力,最终达成学生能力与素养的双重进步。

4.“原动画设计”

通过具体的课程实训,学生从较为理想化的理论学习转化为实打实的动画制作,最终的学习效果得到实践的检验。学生更加理解原动画设计的制作要点,体悟实际操作过程中的点点滴滴,这将对他们今后更好地融入公司团队制作打下良好基础。

5.“上色与检查”

通过教师教学与课程实训的转化,经历反复的实践操作—理论讲解—实践操作的过程,最终以动画成片效果检验课程实训的效果。学生们通过本课程的学习,全面了解动画制作的过程,掌握二维动画的上色方法,在反复修改的挫折训练中培养对高质量作品的追求精神,在环环相扣的项目环节制作中学习团队配合的技巧。

6.“动画摄影”

动画摄影的掌握和软件使用的熟悉程度有关。在动画摄影的教学实践中，学生在项目操作中逐渐掌握以下能力：

(1)熟练掌握水流插件、镜头光晕耀斑插件、分形杂色等插件，学会处理或制作火焰、爆炸、粒子、烟雾、飞光等效果，收集素材，建立自己的素材库，包括贴图材质、插件、烟雾火焰等素材。

(2)能够理解并按照导演要求实现画面效果，如能灵活调整原动画设计的素材色调，让人物和场景融合，实现匹配的光影效果。

(3)学会统筹全片格调，在适当的情况下对动画摄影的美术有自己的观点。例如，第三集的镜头(图 6)中，起初的分镜脚本设计以连续蒙太奇的手法呈现，在负责动画摄影的师生观看完剪辑好的全片后，发掘现有的蒙太奇手法过于普通，达不到“点燃”情绪的效果，于是强调了动画片特殊的摄影机技巧，巧妙利用前中后景对不同时空的元素进行组合，同一镜头内表现不同景别，呈现出更具传奇性的叙事效果。

图 6 第三集镜头示意

五、总结与展望

(一)项目驱动创新班成果

1.文创产品丰富，获得广泛认可

项目驱动创新班开班以来，围绕时事热点、疫情防控、党史党建等内容推出动画、漫画、海报等各类文创作品 500 余份，为学校大型活动、校园文化景观、校园文化生活提供了具有学校特色的主题文创产品，提升了校园文化的彰显度。目前，“明日明月”校园 IP 得到了师生们的普遍认可，同学们自发在校内媒体平台发布“明日明月”相关资讯，并参与到“明日明月”校园 IP 的视觉元素使用中，制作相关海报、表情包、小程序等多媒体文化宣传产品，形成校内亮丽的文化“风景线”。

项目驱动创新班围绕校园 IP 创作的作品，先后获得香港当代艺术设计奖铜奖、第七届“根亲中国”华语电影短片大赛优秀作品、2020年中国卡通形象营销大会优秀作品、第十一届福建省高校艺术设计奖两银两铜、福建省高校艺术设计奖银奖、福建省第六届大学生艺术节展二等奖、第七届(2020)福建文创奖·世遗文创大赛银奖等一级协会和各级各类省级以上奖项近40项。“明日明月”插画产品受到了福建省委网信办、共青团福建省委、中华全国学联等行政单位和群团组织的青睐,在其所属新媒体平台上进行转发推广。

2.育人效果显著,作品传播面广

创新班启动以来,以“明日明月”校园IP为载体创作了“宜建钟情”“开学返校注意事项”“网络安全宣传插图”“国家安全系列作品”“节约粮食系列作品”等网络育人作品,被运用到疫情防控宣传教育、网络安全教育、新生入学教育、党史学习教育的育人工作中。值得一提的是,在疫情防控吃紧阶段,福建帮扶宜昌的专题图“宜建钟情”“福运昌盛”在福建和湖北宜昌几十家平台展示,成为微博该话题的首页图片,仅微博话题阅读量就高达1667.6万(截至2021年11月统计),取得了全网阅读量突破2000万的喜人成绩,极大鼓舞了团结一起、共战疫情的士气,得到了宜昌人民的喜爱,成为当地民众欢送福建援助宜昌医疗队的横幅标识,同时宜昌网信办在致信福建省委网信办中还专门表达了对“宜建钟情”作品的感谢。

团队为庆祝建党百年制作的动画片——《明日明月心向党》被共青团中央官微、学习强国平台、福建电视台《新闻联播》节目等省级以上媒体报道刊载十余次,浏览量达到百万次,取得良好的传播效果。

在作品取得成功的同时,创新班学员也在潜移默化中受到了教育,理想信念进一步坚定,自觉向先进看齐。有3名成员在参与项目期间入党,项目成员中多人次获得优秀毕业生、优秀团员的称号,“明日明月”团队也获得“三明市‘五四’青年集体奖”。

3.学生专业能力提升,实现高质量就业

创新班的师生也在实践中提升了教育教学能力和专业技能水平。项目中的毕业班学员全部获得三明学院优秀毕业设计,“探索建党百周年献礼动画系列片实践——以‘明日明月校园IP’项目驱动创新为例”获三明学院“项目驱动创新班优秀案例”。

目前参与该项目的毕业生中已经有8人在杭州视美影业有限责任公司、杭州娃娃鱼动画设计有限公司、宁波麦冬映画文化传播有限公司等国内知名动画企业实现高质量就业,投身到一线动画产业实战中。张洁、魏组滨、黄玉欣、陈宇航4名同学共参与12部网络院线动画的制作,其中张洁同学一毕业就参与到大荧幕电影《我们的冬奥》之《九月的冬季假日》的制作当中。

(二)不足、问题和努力方向

1. IP形象版本有待规范化使用

IP形象在互联网的推广普遍依赖于图像艺术美观与识别标准统一。成熟的IP形象都保持着一致的造型设计标准,如“米老鼠”和“唐老鸭”在不同的产品中,都保持一致的识别度。但高校内,由于学生的水平参差不齐,很难稳定保持IP形象的识别统一性,因此需要客观看待创新班成果与市场化标准之间的差距,探索一条区别于校外IP运维企业的形象制作模式,走出一条具有高校特色的文化IP产业发展路径。创新班需要从学科建设水平的实际出发，一方面，积极借鉴互联网低技术门槛、高参与度的优秀文化IP案例，鼓励学生投身校园IP的运维中；另一方面，要注意挖掘高校在创意、推广等环节的潜力，发挥多学科融合优势，吸引校内外资源和不同专业领域的师生加入创新班中来。

2.内容驱动的产业孵化有待健全

IP主要以形象驱动和内容驱动两种方式进行传播。“明日明月”由于形象可爱，在形象驱动方面有一定优势，但在内容方面仍较为单薄。因此，创新班应当注重校园IP是否有效提炼优质校园文化，呈现出学生喜闻乐见且受益匪浅的内容，以更加感人的故事、更加青春的气息、更加生动的表达来实现校园IP的“出圈”。同时，需要避免生产内容的“泛娱乐化”，保持学校文化的特色，形成具有识别性、艺术性、持久性和时代引领性的校园IP。

3.产教融合发展有待深化

在已取得初步成效的基础上，项目推进也逐渐出现了包括非市场化运作影响项目正常运转、权责不定不清导致项目持续性不稳，以及产业化转化不足后续乏力等问题。下一阶段要在“深化产教融合、校企合作”方面做更多的探索，健全相关工作机制，鼓励师生更加积极主动地将专业知识注入产业实践，深入协同专业群、众创空间学生团队与三明本地企业，实现三明学院校园IP形象影响力的系统性提升，确保“明日明月”IP项目可持续、高效率、强效益。

乡村振兴背景下动漫设计人才培养创新探索
——以“乡村动漫”项目驱动创新班为例

执笔人：张欣宇，邱国鹏

内容提要：实施“乡村振兴战略”是党的十九大作出的重大决策部署，并且2018年教育部制定了《高等学校乡村振兴科技创新行动计划(2018—2022年)》，从高校人才培养方面强调加强实践教学体系建设，提升人才培养能力，打造一支“一懂两爱”的乡村振兴人才队伍，强化乡村振兴理论和文化创新。动漫作为创意产业中最为活跃的组成部分之一，在乡村IP形象推广、助力乡村文化内涵和附加值提升方面表现出突出的作用。在乡村多元化推广层面，高校设计相关专业可以利用相关的文化资源展开内容丰富、形式多样和功能独特等活动，活化课程内容，夯实创作基础，也能弘扬中华美育精神提升育人实效，培育时代新人。

关键词：乡村振兴；动漫创意；项目驱动创新班

一、引　言

乡村游是目前很多村镇脱贫多元发展的重要方式。《中国乡村旅游发展报告(2017)》总结了制约我国乡村旅游发展的几个问题，其中乡村游科学规划欠缺，产品同质化严重，时效性现象明显，很多没有真正的内在文化内涵。基础薄弱、“千村一面”，是我国乡村旅游发展面临的普遍挑战；特色建设、文化内涵挖掘和业态模式创新，乃是推进我国乡村旅游转型升级的首要任务。动漫作为文化创意产业的活跃因子，在国内外乡村旅游发展中表现出积极作用。动漫IP的打造，为村镇重塑核心吸引力，在实现内涵式发展的同时提升自身的造血功能。日本熊本县的吉祥物熊本熊(图1)，兼营业部长和幸福部长熊本熊在2011年夺得日本吉祥物大赛第一名之后，立刻成为网红，深受全世界人民喜爱，并且成为日本第一位吉祥物公务员。2018年3月20日，日本熊本县发布的数据显示，该县吉祥物“熊本熊”的周边产品销售额达到1408.742亿日元(约82亿人民币)，同比增加10%，如今已经成为全球最火爆的网红动漫IP之一。

2020年7月由深圳中青宝互动网络股份有限公司创作发行的《江南百景图》(图2)，玩家将梦回明朝江南地区，成为城市的设计师，描绘蓝图、兴造建筑、规划布局，经营赚钱。重绘明朝江南盛景，打造专属于玩家的江南百景图。短短几个月下载量900万加，在各大游戏榜单上也名列前茅。另外，这个以明代的应天府，如今的南京为背景的网络游戏，融入了不少当地的地域特色，有“寸锦寸金”的云锦，有毁于战火的大报恩寺琉璃塔，就连地名也有应天府的痕迹，三山里、雨花里、桃叶里、长干里……玩家仿佛不是在玩游戏，而是在构建理想中繁华的金陵。深圳龙岗区的甘坑“客家小镇”，通过动漫IP形象的打造和经营，将动漫IP形象设计与本地内涵特色相结合，集中展现动漫IP形象的突出典型设计元素，并且预计将在未来三年达到百亿产值。

图1 日本熊本县的吉祥物熊本熊

图2 《江南百景图》

通过线上网络传播及推广，我们可以看到动漫设计与乡村游融合发展的优势。动漫设计在乡村旅游转型升级中发扬区域文化的重要作用，以易于被年轻人接受的动漫及动漫衍生品的表现形式，传播传统文化。动漫设计在发展和继承中国传统文化过程中不断创新，从原来的动画、漫画到动漫IP表情设计，甚至在如今最为火爆的手机端游戏，都可以在激活乡村特色、融合旅游资源、助力旅游文化内涵和综合效益提升方面有着不可比拟的优势。乡村是具有自然、社会、经济特征的地域综合体，兼具生产、生活、生态、文化等多重功能，与城镇互促互进、共生共存，共同构成人类活动的主要空间。动漫设计专业可以充分推动乡村文化推广布局、中国传统保护、乡土文化保护和传承、乡村多元文化建设等，提升乡村区域特色表现力，实现专业发展与乡村文化继承相融合，走“乡村振兴”多元发展之路。

二、相关背景介绍

“乡村动漫”项目驱动创新班（图3）依托国家级特色专业“艺术设计”和教育部数字媒体产教融合创新示范基地，围绕学校“五位一体”应用型人才培养模式改革，结合省动漫创意及研发公共服务平台、省产品创新设计实验示范中心等平台建设，形成了服务于数字艺术及衍生产品创新设计专业群、产业学院、项目驱动创新班和应用型教学团队的整合式虚拟仿真教学实验中心，全面提高实验效果，开阔学生思维视野，培养学生创新能力。“乡村动漫”项目驱动创新班的多学科交叉属性，以及能在多个领域广泛应用的复杂性，推动了与技术、艺术、经济、科学及农业等相关知识领域的交叉与融合，形成了整合技术、艺术、文化和商业等多领域知识，以绿色低碳、网络智能、融合创新、多元优化和共创分享等特征的创新设计教育。

“乡村动漫创新设计”新在哪儿？该如何培养“乡村动漫创新设计”人才？如何用“新工科”获得新的“灵感”，让设计学科实现弯道超车？如何搭上“新工科”这辆“复兴号”高铁？应该说，在创新框架下思考设计教育，把创新、技术和乡村振兴结合起来，从

“艺术范式”“技术范式”回归到“服务地方实践”的整体环境中，在“跨界”与“融合”中有效整合乡村动漫产业生态链。将动漫设计教育从仅作为产业链和创新链的一个环节，拓展到对地方和乡村振兴做贡献，同时实现乡村经济发展向价值链高端的攀升。高校培养既懂技术，又懂经济、社会和管理，兼具良好人文素养的乡村急需人才，引领带动文化创意及衍生产品创新设计专业群建设，成了动漫设计教育转型重要路径之一。

图 3 “乡村动漫”项目驱动创新班

三、产教深度融合，打造“乡村动漫”项目驱动创新班

应用型高校主要为区域社会培养应用型高级专门人才，而对于应用型高校的动漫设计专业培养方向，应同本区域的文化发展相向而行，在体现本专业在地区发展的重要性的同时，将多元文化元素反哺动漫创作的匮乏，体现培养人才的过程中实践教学的直观性(图 4)。结合区域应用型大学的目标定位和区域社会经济发展方向，发展面向区域多元文化发展的应用型课程，实现应用型人才培养。

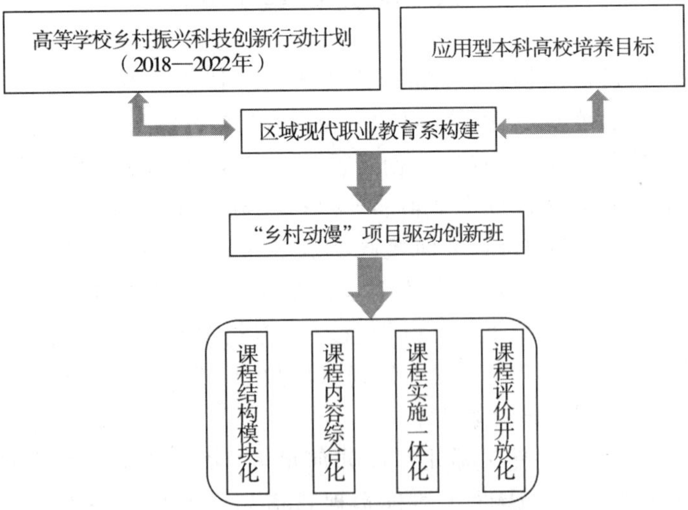

图 4 “乡村动漫”项目驱动创新班架构体系

产教深度融合，结合区域特色，培养业界所需人才，以项目实践为教学目的设立项目驱动创新班，依托项目实践开发应用型课程。具体特点体现在以下四个方面：一是课程结构模块化，以混合工作坊为基础，其课程体系、课程内容均来自实际项目任务模块，建立以混合工作坊课题为基础的课程内容体系；二是课程内容综合化，主要体现在理论与实践的综合，项目分析与项目创新、综合设计；三是课程实施一体化，主要体现在实施主体、教学过程、教学场所三方面的变化，也就是融“教、学、做”为一体，构建以合作为主题的新型师生、师徒、生生关系；四是课程评价开放化，除了进行校内评价，还引入企业及社会评价。

围绕“乡村动漫”这一主题，小组团队成员以艺术工作坊模式对本地的文化进行了解，通过动漫及动漫衍生品的设计确立项目，以项目创作代入课程，通过考查学生项目的参与度及完成度，重点评价考查学生实践技能。通过项目驱动创新班课程修习，学生在实践中得到充分锻炼。将校内专业知识与实际项目相结合，更为重要的是通过乡村动漫平台，将地方文化和专业学习有机融合，以地方特色带动学科专业建设。改革现有动漫设计专业人才培养模式，大胆提出改革方案，紧抓专业素养，提升动漫设计创作质量。

动漫设计专业是体现科学与艺术深度融合特色的交叉学科专业，随着数字网络技术的迅猛发展，以项目导入作为跨专业创新设计的教学方式，通过实际项目引入、工作坊教学，逐步将专业教学内容深化，能较好地提升应用型高校培养学生面向产业的实际能力，也满足了设计类学科多元交叉的特性要求。

四、结合区域发展，多种育人模式协同培养

三明学院“乡村动漫”项目驱动创新班(图 5)以“乡村振兴”的乡村多元文化发掘和继承为动漫设计创新的出发点，以项目驱动创新班的课程体系、教学组织与教学方式、教学资源以及管理机制改革为抓手，构建高校与本地多方互动、开放共享、多元评价、管理协同的实践教学新体系，有效提高高校服务地方的能力，切实提升学生实践能力。

三明学院“乡村动漫”项目驱动创新班主要依托中国美术学院互动艺术与技术研究所和省动漫创意及研发公共服务平台、省产品创新设计实验示范中心等平台开展工作。该创新班是以“助力乡村振兴，拓展三农服务”为主题，开展为期四周的项目驱动联合工作坊。作为一次校际协同联合育人活动，尝试以项目化、专业化、小班化开展教学创新。围绕“乡村动漫”这一主题，以小组的形式从乡村多元文化、乡村动漫设计目的及开发、动漫 IP 形象设计、线上运营及推广等几个角度进行研究讨论，以项目人物角色、项目动画模型制作等为实践课题，开展动漫人物 IP 绘画创意策划、动漫角色泥塑制作、模型数字化扫描拓扑工作、动漫人物骨骼绑定、模型优化、皮肤制作、动作表情设计、成果渲染等相关课程实践。以项目代入课程，通过考查学生的项目参与度与完成度，重点评价学生在项目中的技能表现。

图5 “乡村动漫”项目驱动创新班教学实践过程

(一)结合区域发展,凝练项目驱动创新班培养方向

“乡村动漫”项目驱动创新班的设立首先需要结合当地发展方向,经过严密的可行性论证,遴选合适的项目方案。其次,导师团队和专家团队共同制订适应创新班的“工作坊”培养方案。对特定区域而言,须对地理区位、资源基础、人居环境状况、文化底蕴等做出综合分析和有效评估,如确实可行,则须在广泛调研的基础上,明确发展思路、目标、重点、规模以及所需保障措施,以高质量规划先行的原则,为后期的设计执行奠定基础。前期调研应采取科学规范的方法,做到真实、详尽,内容应涵盖当地旅游发展现状、文化资源状况、基础建设状况、地方产业发展现状及其空间分布、农村居民意愿、生态承载力评估等。同时,注重考核评价,注重形成性评价、诊断性评价和过程性评价相结合,根据学生参与的积极性、设想的创新性、最终项目的完成度等给予综合评价。

(二)注重多元发掘,创新项目驱动创新班培养形式

在发掘乡村多元文化项目时,要处理好“建设与留白”“保护与利用”的关系。首先,应坚持绿色发展理念,适度合理地开发,尽量减少对自然生态环境的破坏,注重对荒山、荒坡、荒滩等土地的利用,注重对农村闲置资源的利用,留住“绿水青山”。其次,应落实对乡村个性与特征的深入挖掘,保护乡村的传统空间肌理、原始生活场景、原生地方文化和独特手工艺,用动漫的方式演绎“乡愁记忆”,才能达到好的发展效果。很多动漫内容的设计灵感都来源于中国的传统文化,将纸上的文字变成直观的画面,加深人们对内

容的印象，而偏远乡村正是我们传统文化保护的最后净土。我国历史题材范围广，民间艺术元素数不胜数，对于动漫创作来说有着极大的选择范围。通过发掘传统文化的表现形式，为动漫设计创作表现形式提供了可借鉴的依据，同时创新性的表现方式打破了原有动漫设计培养的固有手法。在课程培养中真正依据实践案例进行教学，将理论与实践完美结合，是新时期动漫设计培养新形式。

（三）加强融合发展，推动项目驱动创新班成果培育

相关职能部门及其直属企业，发挥“政策、资源、平台、经验”等优势，搭建动漫与乡村振兴融合发展多元平台，倡导科学发展理念、建设专家智库、提供项目创意策划与咨询、引领融合发展建设。另外，通过“乡村动漫”项目驱动创新班合作平台，可高效导入优质高校教育资源及专业人才资源，推动专业人才与当地人才资源结合的可持续发展的良性互动机制。乡村文化创新发展必须要有专业人才梯队的支撑，特别是热爱农村发展事业和熟知农村经济发展规律、了解乡土文化特点的人才。而“乡村动漫”项目驱动创新班，可以依据地方特点，在培养高校学生的同时，结合当地人才特性开展校地合作订单式培养，让乡村游项目更好地服务于地方建设。本地创新发展的动画设计表现和新媒体技术等新兴力量，拓宽乡村旅游产品的宣传推广渠道，为社会打造更多优质项目。

五、注重融合创新，助力乡村多元文化可持续发展

“乡村动漫”项目驱动创新班强化以学生发展为中心、以乡村多元文化发掘及继承为中心、以村镇发展为中心。一是对传统动漫专业课程进行再加工、再创造，构建以“助力乡村振兴，拓展三农服务”为需求的实践课程体系。二是进一步强化教学内容和乡村多元文化之间的贴近度和相关性。动漫产业能高效整合地方产业、人力、资金、自然文化资源进行村镇改造、产业集聚，进而推动村镇经济实现集聚效应。三是对接动漫产业在村镇土壤落地生根。即集中当地资源（含地理位置、文化资源、风俗传统、地方产业、人力资源等），按照统一思路、突出特色、整合优势，最终形成集影视传媒、游戏软件等为一体的稳固产业链条。这不仅使“乡村动漫”项目驱动创新班与项目结合落到实处，也有利于村镇面貌的保护性改造、有利于拉动地方就业和产业集聚，使地方经济得到跨越式发展。

（一）探索实践教学新范式，打造特色教学组织形式

动漫设计的生命周期较长，对受众的黏着性也较强，能够持续地为乡村发展培育消费人群。以“乡村动漫”项目驱动创新班为载体，打通教与学，贯通“理”与“技”，打破了传统动漫设计课程惯性思维和创作思路路径依赖。基于乡村多元文化发展战略，强化多学科交叉的整合创新能力，以“乡村动漫”项目驱动教学任务的开展，形成学生融入项目，“以学生为中心”的教学氛围，综合利用传统媒体和新媒体渠道大力宣传、推广乡村传统文化项目和“乡村动漫”项目驱动创新班建设成果；利用原创或引人的动漫 IP 讲好乡村故事，讲好“绿水青山就是金山银山”的理论，丰富融媒体文化营销内容。同时，将

外引和内培结合起来，并且注重内部人才培养，为外出务工人员回乡创业提供资源和平台，以满足未来乡村建设及乡村多元文化发展的可持续需求。

（二）推动产教融合与校企合作，搭建资源整合平台

项目驱动创新班寻求校际联合、产教融合、校企合作的有效途径。例如，三明学院“乡村动漫”项目驱动创新班在校校融合方面与国内高校及研究所进行广泛合作与交流，打破了层面窄、效益低的校校融合旧模式，成立以实践教学为主的“工作坊”多维合作范式；在校企合作办学模式中，积极引进北京触控科技及凤凰卫视等业界知名的科研推广平台，营造开放式的办学模式；在整合和拓展教学资源方面，探索将“大众创业，万众创新”的理念融入乡村多元文化发展与“乡村动漫”的项目合作中，实现专业与地区发展优势互补、学科建设与“乡村振兴”合作共赢，激发师生参与项目内生动力和活力，带动本地人员融入项目，实现乡村多元文化的可持续发展。

六、总　结

随着观念的更新和技术的发展，动漫设计已经不再是传统仅仅用动画表现或者漫画诉说当下的中国故事，动漫教学也应该在适应发展潮流的同时，关注“乡村振兴”国家战略，利用动漫设计助力乡村可持续发展。动漫设计和乡村多元文化发展均属于低污染产业，且前期需要大量的分析和研究，而中期需要将计划结合实际情况完成，后期需要将成果延续及在其基础上进行创新。动漫设计教育者应该重视人才创新培养模式与乡村可持续发展融合，寻求到适合乡村可持续发展之路，承担起传承传统文化的责任，积极推动乡村多元文化发展。这是动漫设计实践教学未来发展的必经之路。

创新创业教育背景下服装与服饰设计人才培养模式探索

——以“丙申环保智能皮雕皮具”项目驱动创新班为例

执笔人：罗奋涛，连辉延

内容提要：教育部在《关于大力推进高等学校创新创业教育和大学生自主创业工作的意见》中指出：“在高等学校开展创新创业教育，积极鼓励高校学生自主创业，是教育系统深入学习实践科学发展观，服务于创新型国家建设的重大战略举措；是深化高等教育教学改革，培养学生创新精神和实践能力的重要途径；是落实以创业带动就业，促进高校毕业生充分就业的重要措施。”基于此，丙申环保智能皮雕皮具项目驱动创新班立足于区域经济发展需求，通过社会公益、工艺品质、科技体验，融入环保理念，将皮具与生活艺术相融合，将传统皮雕工艺与互联网、现代公益活动相结合，创新了人才培养体系，有效地提高服装设计人才培养质量，增强了服装设计人才的就业竞争力和持续发展能力。

关键词：皮雕；环保；智能；公益

一、引　言

创新班以培养皮雕技艺，推进三创教育为目标，通过创立“丙申环保智能皮雕皮具”品牌，立足社会生活需要，实施人才培养。皮雕技艺（贯穿所有的产品与服务），是一种利用刻刀在皮面上进行雕刻的古典技艺。由于皮雕工艺需要不同力度、层次的敲打，每一个图案、元素都是纯手工雕刻，因此目前国内其他皮具厂商没有将它机械化。“丙申环保智能皮雕皮具”在皮雕技艺和皮雕量产化的道路上也进一步地进行创新，与手工皮具厂商达成合作，初步完成手工皮雕量产化的进程。

在提倡环保生活的时代，赋予皮件新生命，提倡皮件重复利用、使用，在不杀害一个生命的情况下创造出一个新的皮具。

丙申环保智能皮雕皮具为了提升客户的便捷感，在皮具中植入芯片，让用户在出门时更快地找到自己的皮具或者手机，在品质、内涵及创新点上打败国内其他品牌。由于产品设计新颖、智能化，产品深受市场好评，从创新班到“一岩文化创意有限公司”成立，再到“丙申环保智能皮雕皮具”品牌创立，创新班成员走出了一条创新创业成功之路。

二、相关背景介绍

(一)宏观市场分析

1.政治法律环境

中国近年来政治环境稳定,经济发展迅速,我国对皮革行业的制度规范不断健全和完善,逐步建立了涉及生产、消费、竞争以及产业规划等多层次的法律法规体系。

2.经济环境

中国消费者对高端消费品的认知水平和需求程度不断提升。在物质不断充裕的条件下,越来越多的人群注重时尚元素的把握和追求个性魅力的张扬,他们会追求独一无二的定制来提高生活品质和支撑自身的价值感。而据国家统计局数据显示,中国市场皮具消费需求近年来每年可达数千亿元,总消费量占世界总消费量近五成,皮具文化显示出强大的发展势头和越来越多元化的市场趋势。

3.社会文化环境

据不完全统计,设计师、音乐人、媒体人以及手作类爱好者、皮具类爱好者占到总体行业受众的90%以上,对于他们来说,体验、从事手工皮革设计的过程是真实、原始、温婉而有力的。现在的人对于物品的要求越来越高,对于有品位及见多识广的人来说,定制一定是首选,因此定制皮具未来的前景一定是新的风向标。

4.技术环境

随着互联网时代的到来,智能化的生活逐渐进入人们的视线,皮具从单纯的日常装饰品向更多元化方向发展。由于移动互联网与物联网系统的不断发展,越来越多的跨行业应用出现,智能皮具融入高科技元素引起更多人的关注,从侧面促进了品牌的发展。

(二)产品所对应领域的市场分析

1.皮具市场规模分析及预测(定制、素面皮具)

根据国家统计局数据显示,2019 年我国皮具行业规模将达到 2293.94 亿元,较 2014 年增长 75.20%。

2.智能皮具所对应的智能可穿戴设备的市场现状分析

根据瑞士信贷报告,有的智能可穿戴设备所属的领域仅占 10.3%,而用户所期待的智能穿戴设备份额达到了 20.2%,这之中将近 10%的份额差就是我们要去争夺。

3.环保皮具所针对的皮具维护及改造市场的分析

2017 年中国奢侈品的销售额已经达到 2200 亿,而这其中有 56%的用户有护理需求,说明皮具维护及改造的市场是非常庞大的。

综上所述,皮具行业的市场是十分庞大的,2018 年已经达到 1833 亿元,具有广阔的市场前景。

（三）国内皮具行业发展现状

经过三十余年的发展，中国皮具业已经由最初的家庭作坊式小手工业，发展成为企业数量超过 2.6 万家、产业从业人数超过 200 万人、年总产值接近 800 亿元的广受注目的行业。自 2009 年以来，在其他行业受全球经济不景气影响而产销量大幅下降时，皮具行业却逆风而上，每年以 30%以上的速度快速发展，现在已成为全球皮具行业最大的生产供应基地，皮具生产工艺也已完全达到国际先进水平。

成为皮具业全球供应基地的同时，中国也是全球以皮具消费为主导的奢侈品消费第二大国，这在一定程度上反映了中国宏观经济走势的良好和居民中高端收入人群增加的基本情况，尤其反映了中产阶级潜在购买力的增强。但中国市场消费的高端皮具产品大多不是由中国设计制造的，而是以意大利为代表的欧美品牌。在中国皮具产品的出口贸易中，自主品牌出口只占 10%左右的份额，而 90%左右都是代工生产。也就是说，中国皮具企业只是获得了产品价值链中区区 10%左右的加工利润，而绝大部分的利润都被品牌商和经销商获得。这表明中国还未到拥有皮具设计、品牌等高价值环节的重要产业升级转型的挑战。

（四）竞争对手分析

1.稻草人：国内皮具巨头

稻草人皮具有限公司是具有资方背景的品牌运作企业，其投资方系国内知名制造企业，企业高管均来自知名服饰连锁公司。自 2004 年引入“稻草人”品牌，公司将特许经营作为发展战略，已在全国设立有 500 多家“稻草人”皮具专卖店。

在价格和消费群体定位的局限下，稻草人的皮质和款式都没有很好的发展和提高，产品概念单一，在很大程度上影响了在市场上的销售份额。

2.食草堂：国内手工皮具品牌

食草堂是国内相对来说较大的手工皮具公司，主要从事皮具、皮鞋及工艺饰品的设计、生产、销售。食草堂实用天然的材料，执着的手工，追求打造出质朴、厚重、真实自然的产品风格，获取一定的皮具市场份额，是中国手工皮具行业的领头者之一。

福建本地市区亦有两家食草堂的门店，经过实地考察和对其产品的研究，食草堂的产品价格在手工皮具行业处于中等价位，短夹 300 元左右，长夹 500 元左右，但产品存在质量欠佳、走线不够整齐、封边处理不完整等问题。另外，食草堂皮具的风格单一，素面皮具居多，产品结构较为单一，实用性不强。

3.品牌自身竞争分析（竞争优势）

丙申环保智能皮雕皮具将解决国内皮具行业的痛点，首先，国内皮具品牌的最大问题在于品牌的塑造，为此，丙申将形成一系列的品牌营销策划：公益公关营销、微博营销、公众号营销、事件营销、社群营销等；其次，为解决皮具行业内产品形式过于单一的问题，丙申推出了智能皮具产品，在皮具中融入科技元素，增加了皮具的使用功能；再次，在提倡环保的时代，皮具的使用被冠上了不尊崇现代环保倡议的名号，为解决这一问题,丙申皮具推出环保皮具,致力于名牌旧包改造,将已经损坏或者是过时的皮具改造成符合现代审美的、无瑕疵的皮具,在不杀害一头牛的情况下,创造出一个或者多个皮具,延续皮具的使用价值,为它的生命续航;最后,在追求经济价值的同时也不忘社会价值,为残障人士及农村低收入人群提供更多的就业机会与岗位,让他们有一技之长,同时也实现丙申的自我造血。因此,现在是这个项目实施的最佳时机。

(五)自我市场预测

中国是全球最大的皮具制造国,也是皮具的消费大国,皮具消费也成了现代人的新宠。随着人们消费水平的提高,低端市场的散货将逐步淡出市场,取而代之的是定位于中低端市场的轻奢产品,为品牌提供了良好的发展条件。

皮具业已成为一个高速发展的行业,每年以 30%以上的速度快速发展。海关总署 2008 年 12 月 22 日消息,2008 年 1—11 月广东口岸出口箱包价值 50.8 亿美元,同比增长 31.6%。其中,11 月份出口箱包 6.6 亿美元,同比增长 73.1%,而国内箱包销售额更高达 20 多亿元。2017 年 1—8 月,皮革鞣制加工累计出口交货值 175.2 亿元,累计同比增长 4.6%;皮革制品制造累计出口交货值 802.4 亿元,累计同比增长 4.4%。显示数据的年年攀升,对于皮具品牌发展而言,拥有巨大的市场机会,中国原创品牌的成长将拥有更加广阔的空间。中国皮革协会每年不断创造皮具行业的设计氛围,鼓励中国皮具的原创设计,提升皮具设计师专业队伍的综合水平。这标志着中国皮具业正在从产业大国、消费大国向产业强国、品牌大国转变,也给皮具企业创造了更多的发展机会。

三、项目主题内容

丙申环保智能皮雕皮具是一岩文化创意有限公司的首发品牌,在追求产品质量及工艺的基础上,树立品牌社会价值;在基于最具工艺特色的皮雕皮艺技艺、采用最环保的植鞣革之下,将环保概念融入皮具当中,将对客户来说有价值的旧皮具或损坏的皮具进行改造,以一改一或一改多,为客户把美好的记忆保存下来,让皮具的价值不断延续。另外,丙申皮具为了给用户生活带来便捷与舒适还将现代科技融入其中,实现皮具的智能化,用户不再为自己的钥匙、包丢失而感到担忧。

(一)皮雕皮具:将时光、艺术雕刻在皮面上(图 1)

皮雕是一种利用刻刀在皮面上进行雕刻的古典技艺,由于皮雕工艺需要不同力度、不同层次的敲打,每一个图案、元素都只有纯手工雕刻才能展现出栩栩如生的皮面,是目前的机械压花无法实现的,这就是皮雕的价值所在。

丙申环保智能皮雕皮具采用的是皮革材料中最为环保的植鞣皮革,复杂而又严谨的制作工序,特有的皮雕纹饰,庞大的皮雕图案数据库,因此该产品很难被复制或模仿。从 2016 年起,丙申环保智能皮雕皮具已经设计出 21 种款式,未来还将不断努力为客户带来更多的时尚与惊喜。

图1　皮雕皮具:将时光、艺术雕刻在皮面上

(二)环保皮具:让环保皮具延续爱(图2)

随着自然环境的不断恶化,资源的稀缺,皮具的使用似乎也被人们视为不环保的其中一项。因此,丙申环保智能皮雕皮具希望能在一定程度上改变皮具污染、资源浪费的情况,特别推出环保皮具这一概念。丙申的环保就是从已使用过的旧皮具(名牌包)出发,当皮具受到一定损坏时,用户可以选择将旧皮具进行改造。前期,我们将通过现有的门店以及网络社交平台:微信、公众号等进行一对一沟通设计与制作。后期,该产品还将涵盖环保皮件DIY设计,客户可以在丙申的门店对旧皮具的长宽高进行测量,工作人员将判定旧皮具的可使用皮料面积,拍照留底,并会提供各种皮具类型的图片供客户选择,选择以后还会安排设计师一对一沟通设计方案,给客户最好的高端定制环保皮具的体验。环保皮件不仅仅是推行环保概念,提倡环保,同时也是为用户将有价值的(无论是心灵价值还是物质价值)皮具保留下来,延续它的爱和价值。

图2　环保皮具

（三）智能功能：智能钥匙扣和智能芯片的植入让您的生活更加便捷（图 3）

丙申环保智能皮雕皮具钥匙组件的灵感来源于生活，生活中许多人为钥匙丢失感到烦恼，也会经常在着急慌忙出门的时候找不到钥匙感到抓狂，而丙申的智能钥匙组件将为客户解决这样的苦恼。在用户购买的时候邀请顾客在自己的手机中下载防丢 App（App 由合作方深圳金牌优品科技有限公司提供技术支持），皮件内部的按钮一启动，App 内会自动匹配用户的皮具，在钥匙包丢失的时候，点击报警，钥匙包就会发出提示声，此时就可以轻松地找到皮具；如果钥匙包已经不在可以听到提示声的范围内，在 App 上打开全球定位系统（global positioning system，GPS），便能知晓钥匙包所在的具体位置，引导用户找到皮具。另外，这个防丢找寻功能是双向的，如果找不到手机的时候，摁两下钥匙环上的按钮，手机就会发出提示音，提示用户手机的所在位置。其次，用户携带手机，离开钥匙包一定范围时，钥匙组件会自动发出提示音，提醒用户忘记带钥匙了。这款钥匙包还能解决以往智能钱包续航能力较弱的问题，具有充电功能。此外，丙申环保智能皮雕皮具里面还有射频识别（radio frequency identification，RFID）芯片，可录入校园卡、公交卡、门禁卡等卡片信息，成为用户的无形卡包。

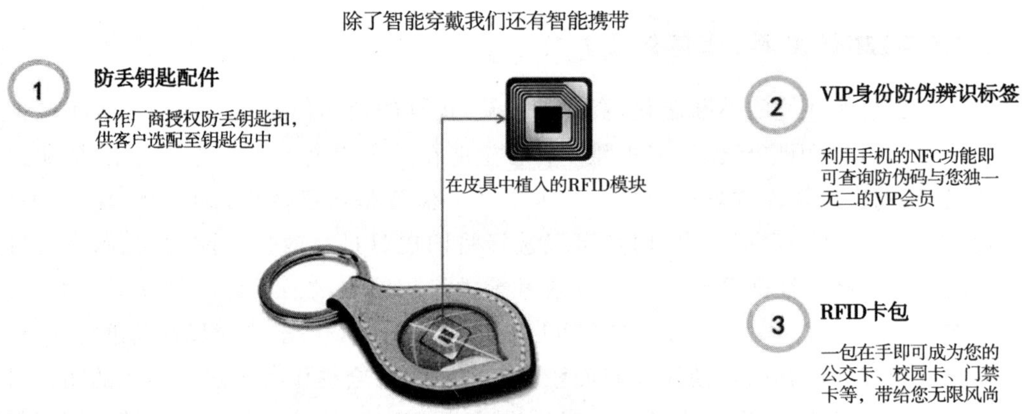

图 3　智能皮具

四、运行情况及人才培养成效

（一）通过项目带动学生创新创业意识培养

一岩文创已经涉足高级私人定制、物联网、互联网＋、文化创意产业、创意环保产业等，突破传统皮具行业的发展模式，在信息时代，为人们提供既美观又实用便捷的皮具产品。宗旨：让皮具融入生活艺术，让皮具开启更加便捷的物联网时代。

1.运行情况

（1）项目沉淀：目前合作特教学校 12 所加、皮雕销量 20000 个加、营业总额 981 万、皮雕款式 256 款。

(2)独创毫米级 3D 旋转浮刻皮雕工艺:染色技术独创了毫米级 3D 旋转浮刻皮雕工艺,在进行皮面周刻时采用独有技法由浅到深。水晶染渐变粹点染色技术:采用水晶染渐变粹点染色技术,使得每一个皮纹颗粒都能着色饱满。

(3)有 12 项核心专利权威检测,获批及授权 12 项外观及实用新型专利,同时,每一款包都经过权威检测,确保优等品。

(4)行业影响力:作品获北京卫视特别采访与报道、参与中国第二届国际皮雕艺术博览会、美国皮雕大赛获最佳创意奖、入驻丽江皮雕文化艺术馆、上海高端定制展模特展出、荣获第二届国际皮雕大赛二等奖、参与美国皮雕大赛获一等奖、参与中国箱包原创设计品牌发布会。

(5)运营现况:与 42 家皮雕门店合作,北京大前门皮雕门店也能买到丙申皮雕;与 27 家线上网商合作,其中 5 家为外贸海淘,丙申皮雕产品销售远至葡萄牙。

2.人才培养成效

(1)创新人才培养。以培养学生创新意识和创业能力为目的,建设开放性工作室、实训基地,鼓励学生自主创新。学生能够发挥自主选择项目、自主投资、自主生产和经营的积极性,将学习过程与创意生产结合起来,培养学生的创新意识和创业能力。在实施项日驱动创新班以来,专业建设和教学改革起了极大的推动作用,提高了学生的动手能力和服务意识,转变了学生的择业观念,为培养学生创新创业技能提供了新的途径。同时,专业跟着项目走,项目带动专业建设与发展,优化专业结构,打造了专业优势和办学特色,构建了专业与项目,学校与企业、生产单位的良性互动的机制,教学质量全面提高,为地方经济建设和社会发展培养人才做了贡献。

学生通过具休项目的参与,变机械的技术掌握为活的技能、技巧的把握和技艺的探究,动手能力、组织协调能力、知识迁移能力、创业实践能力显著提高。

(2)团队近年荣获多项荣誉。获批省级大学生创新创业项目 5 项、获省级以上各类创新设计竞赛奖项 20 项。其中,丙申环保智能皮雕皮具——一个科技环保的轻奢皮具品牌获 2017 年大学生创新创业优秀项目资助,获第五届全国移动互联创新大赛总决赛高校组一等奖、第五届中国创新创业大赛暨第七届福建创新创业大赛互联网领域优胜奖、第七届梦想工厂创新创业大赛优胜奖、中国皮雕皮艺大赛三等奖,第五届福建省"互联网+"大学生创新创业大赛"青年红色筑梦之旅"赛道公益组金奖;艺术点靓无声,皮雕助残扶贫新模式——第五届中国"互联网+"大学生创新创业大赛铜奖。

(3)创新班团队成员多人自主创业,有的成为企业骨干。团队核心人员连辉延成立了"一岩文化创意有限公司",同时,带动创新班艺术与设计学院服装与服饰设计专业(图 4)、视觉传达专业、美术学专业、产品设计专业以及文化传播学院毕业生共同加盟,共同打造丙申环保智能皮雕皮具品牌。连辉延本人被三明市科技局评选为优秀创客、三明学院艺术与设计学院创业导师。作为智能皮雕创始人,连辉延还积极发挥专业特长反哺教学,先后担任了 2017 级、2018 级、2019 级服装与服饰专业皮具箱包方向的课程教学工作,并指导学生毕业设计,搭建校企共建教学平台。

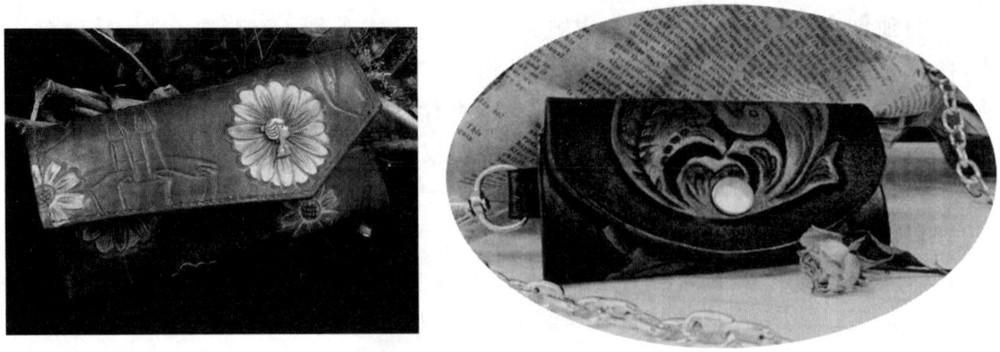

图 4 服装与服饰设计专业学生皮雕作品

(二)热心公益,点靓计划:用心做一件事,让作品为听障人士发声

截至 2017 年,中国有 2184 万人口有听力障碍与语言障碍,而他们的动手能力和理解能力都和普通健康的人一样,甚至比普通人更加细心敏感,但是在过去对听障人士的社会就业调查中,他们通常只能在一些简单的手工类作坊、可以不与人们沟通交流的岗位(洗碗工、清洁工等)就职,长时间的工作、较低的收入是这类人群的工作特征。众所周知,手工皮具产品相较于其他同类手工产品(刺绣等)来说,技能转化率高,可短期内形成产业,且售价较高,利润较高,对操作空间的要求也较低,工作时间也较为灵活。另外,对于像玉雕木雕等手工艺品,皮雕技艺的学习周期较短,能让他们快速掌握技能。创新班核心团队"丙申环保智能皮雕皮具"成员近几年积极投身于社会公益事业,其中"点靓计划"项目就是为听力残障人士提供手工皮具的技术培训以及推荐就业岗位的。

"点靓计划"为特殊教育学校与残疾人协会的听力残障人士提供皮雕皮具培训课程,让听障学生拥有皮雕皮具的制作技能,为他们运营、策划网络营销及公益产品众筹,为优质的听障学员推荐就业岗位。同时,手工皮具的量产化为农村低收入人群提供工资更高的就业岗位,为社会弱势群体实现小康生活添一份力。

(1)与三明特殊教育学校合作,为特殊教育学校免费提供手工皮具教学的课程,让听障学生掌握手工皮具的技术(图 5 左)。

(2)与市残疾人协会进行合作,为听障人士提供有偿授课,让听障人士掌握手工皮具的技术,推荐就业岗位,提供创业帮扶。

(3)与中国皮具行业协会及中国皮雕行业协会进行合作,呼吁、协调全国的手工皮具店铺、工作室开设残疾人产品销售窗口,将课程上的产品上架出售,并且推荐听障人士到手工皮具店铺、工作室就业。

(4)为听障学生发起产品众筹,出售由他们所做的皮具产品。

(5)与广西皮雕厂商达成合作,设立皮雕产品生产流水线,为农村低收入人群增加就业岗位。

丙申环保智能皮雕皮具在强调品质、提升品牌价值的基础上投身公益事业,为社会弱势群体提供技能培训及就业帮助,让听力残障人士用心做一件事,让作品为他们发声

(图 5 右)。“点靓计划”作为助残助障的公益项目,为丙申环保智能皮雕皮具树立了良好的社会形象及增强了社会美誉度。

图 5　为三明特殊教育学校的聋哑学生提供技术培训(左),业内皮雕大师为皮雕厂上岗农村妇女提供技能培训及批量生产情况(右)

五、结　语

“丙申环保智能皮雕皮具”项目驱动创新班立足于区域经济发展需求,通过社会公益、工艺品质、科技体验,融入环保理念,将皮具与生活艺术相融合,将传统皮雕工艺与互联网、现代公益活动相结合,创新了人才培养体系,有效地提高服装设计人才培养质量,增强了服装设计人才的就业竞争力和持续发展能力。

数字新媒体环境下传媒专业人才培养路径探索
——以新媒体营销项目驱动创新班为例

执笔人：敖　鹏

内容提要：新媒体营销项目驱动创新班基于数字新媒体环境下营销模式与技能变迁的行业变革需求而设计，作为一种弥合地方传媒高等教育与新媒体时代新需求的新举措而实践的人才培养创新路径。依托地域内相关企事业单位的新媒体传播需求，聚焦学院内传媒类专业学生的相关内容创意策划、生产制作、活动执行等素质要求整合进新媒体营销业态，以新媒体营销主线串联起内容策划、创意生产、传播活动等形式，促进学生专业技能提升以及学院教学科研和服务地方功能的同频共振。

关键词：新媒体营销；新媒体时代；地方高校传媒专业；人才培养中台

一、引　言

聚焦三明学院文化传播学院的育人使命实现，作为地方院校的文科专业，学院定位是培养应用型的传媒人才，人才培养的导向设计上即肩负着服务地方，为地方输入文化传播、新媒体类的优质人才和智力服务的职责；但在实际的专业学科内容和育人体系上仍然存在教学设计传统刻板、知识理论体系陈旧、教学科研与实践等育人载体各自“孤岛化”发展等问题。

为了尝试解决传媒专业教学场景单调匮乏、人才培养与现实需求脱节的问题，学院近两年来开始在人才培养进程中逐步融入项目驱动创新班建设试点，作为一种弥合地方传媒高等教育与新媒体时代新需求的新举措。新媒体营销项目驱动创新班便是基于数字新媒体环境下营销模式与技能变迁的行业变革需求而设计，在副院长敖鹏的牵头组织下，组建创新班教师团队，依托传播学和播音主持艺术专业的学生，于 2021 年 2—9 月顺利运行首期新媒体营销创新班，聚焦学院内传媒类专业学生的相关内容创意策划、生产制作、活动执行等素质要求整合进新媒体营销业态，以实际应用项目为线索引领学生进行专业内容学习与实践。在这个过程中有机整合校内传媒类教师和校外媒体人士作为专业力量团队，设计具有实际应用价值的新媒体营销课程体系，为学生提供真实需求下的实践训练机会，以新媒体营销主线串联起内容策划、创意生产、传播活动等形式，促进学生专业技能提升以及学院教学科研和服务地方功能的同频共振。

二、相关背景介绍

(一)传媒产业需求升级对人才培养提出新要求

伴随信息技术浪潮的升级驱动,传媒产业近年来的发展变化日新月异,大数据、平台企业、智能技术、媒体融合等要素叠加形塑了一个快速迭代的新传媒时代,相应地,对人才的培养输送也提出了新的社会需求与产业需求。从宏观社会需求来看,以"全程媒体、全息媒体、全员媒体、全效媒体"为代表的四全媒体时代需要具备更强"脚力、眼力、脑力、笔力"的四力过硬素质的新媒体队伍,以适应新传播环境与新时代发展下的大宣传格局需求。从现实产业变革来看,层出不穷的新现象、日渐丰富的新业态和多元领域下的渗透使得新媒体传播的素养、技能和问题等成为更广泛人群将要面对的日常,亟须适应新的产业发展趋势、对产业变革敏感且具备应用技能的高素质人才。从学科建设趋向上来看,新闻传播学科的发展从顶层设计层面来讲要符合新文科建设趋势,强调跨学科跨领域交叉融合进而实现研究范式与话语的创新,需要在融合现实发展和多学科视角的基础上进一步系统化、专业化总结前沿的媒体智能化、平台化等发展内涵,丰富符合新兴传媒现实的学科知识体系。同时,中国特色新闻学当前被列为是对中国哲学社会科学具有支撑作用的 11 个重要学科之一,本身即在积极探索新闻传播规律和新兴媒体发展规律,在立德树人的根本任务贯彻中需要融入对现实需求的考量,追求高质量完成学科育人的根本使命。

与此同时,虽然新闻传播教育一直在积极调整和改革以适应社会、产业与学科进阶的需求,但整体的举措和现实发展的速度相比较为迟缓,步伐滞后,举措局限,因此成效并不明显,出现了诸如部分院校的新闻传播专业就业率下滑、一些学校取消本科类的新闻传播培养设置等现象。这些现象说明新闻传播、传媒专业的人才培养与实际需求存在较为明显的沟壑。因此,如何缩小传媒专业教育与传媒产业和社会现实所需之间的差距成为高等院校传媒专业教育改革的核心问题,即在明确"为谁培养人,培养什么人"的基础上探究传媒专业"如何培养"符合动态变化的传媒现实的人才,对这一问题的思考也构成了本案例讨论的逻辑出发点。

(二)聚焦新媒体营销主线

开设新媒体营销项目驱动创新班主要缘于以下三方面基本考量。

其一,营销类方向是传媒类专业就业的主流方向之一,而营销工作所需要的诸如创意策划、创意内容生产、活动策划执行等更是当前各类企事业单位机构普遍存在的一种工作需求。进入新媒体时代后,新媒体与营销之间的关联日益紧密。美国零售广告公司总裁朱迪斯·查尔斯曾经直接定义了传媒创意与销售之间的关系,认为"文案写手,就是坐在键盘后面的销售人员"。新媒体营销范畴一定程度上对应了很多新兴传媒职业,诸如全媒体运营师、直播销售员等,同时也兼顾了传统媒体和各类机构在新媒体时代的传播需要。一方面,虽然文化传播学院内有开设新媒体营销类课程,但以理论为主,课程内容的实践性不强,这本身与该课程的内在属性和培养定位不符合;另一方面,文化传播学院的新媒体营销课程并没有突出专业特色,学生既缺乏经管类专业完整系统的市场营销体系的知识结构基础，同时又无法找到传媒类专业与营销活动接轨的触点。因此，专业内一定程度上亟须符合学生就业发展方向且能提供真知灼见内容体系和实操机会的营销类创新课程。

其二，本创新班在业界资源方面整合了多主体诉求，包括三明学院党委宣传部/融媒体中心、三明市驻榕办、福建流量池文化传媒有限公司、建瓯市科学技术协会等有新媒体场域传播需求的机构，而并非与某一特定单位的定向定单式输送培养。这样做的原因在于，三明学院地处闽西北山区，经济和城市发展水平较为普通，缺乏具有规模的、发展成熟的传媒类机构，地域内公司规模较小，传统媒体能够提供给学生的新媒体氛围较弱，固定项目固定输送机构的操作方式不够现实。基于这种现状，选定新媒体营销作为主题主线，有机融合多个机构的新媒体传播需求，整合为一整套实践训练内容，通过相对灵活的方式给予学生不同的实践训练机会。

其三，当前的学生基本属于网生一代，其成长过程天然浸润在网络媒体传播环境之中，在高等教育前序的日常生活经验中习得了驾驭各类新媒体平台的技能，其中不乏甚至不需要专门的新闻传播学知识，仅仅懂得研究新媒体平台规则就能够成为成功获得流量的网红达人。而对于新媒体营销，很多学生虽然有朴素的日常经验，但缺乏系统的理论指导，更缺少相对大平台的实战经验。因此，创新班的主题确定和内容设计需要契合学生本身的特点，以新媒体营销为创新班主题能够兼顾时代特点与学生特点，提供因时制宜、因地制宜的特色培养。

三、中台机制·知识体系·场景实践：三位一体促进地方高校传媒教育与现实发展的有机接轨

（一）构建人才培养中台：以新媒体营销创新班弥合高校教育与业界发展之间的鸿沟

1.作为中台的新媒体营销创新班——内涵与功能

新媒体的发展出现了一系列新媒体化、智能化、数据化、融合化的传播场景，而学校传统教育框架中缺乏相应的场景设计，因此新媒体营销创新班在学院的传媒人才培养进程中的作用相当于是要搭建相应的教学场景和实践场景接入行规发展实际。创新班的设立融合了企事业单位新媒体传播需求和人才培养目标的技能训练，相当于在高校人才教育储备（后台）和现实社会行业发展需要（前台）之间构建起一个培养中台。

中台的概念起源于军事领域，是为了有效弥合前线作战与后方总体决策指挥之间的信息差而构建的中台基地，以保证在中部将前线小规模精英部队作战能力与后台强大的决策指挥和补给能力有效衔接起来，中台能力的充分发挥能够保证前线作战单元精简但战斗力稳步提升。随后，这一概念在互联网领域中被广泛应用，其使用场景更偏向于公司发展到某一阶段遇到瓶颈障碍时为了解决实际问题而提出的解决方案，打造机制化、产品化的系统架构。从企业运营管理的角度来看，中台的意义在于以前台目标场景为驱动导向，快速有机整合后台各类功能以服务于主线目标，其本质在于构建一个新的中间地带有机整合各类内部资源，以集约高效的方式快速支撑前台不断变化的业

务需求。

新媒体营销创新班的中台功能在于，为传媒教育提供了一个中间化的地带。这个地带具有三个层面的意义：其一为过渡性，即学生不出校园即可体验到真实项目需求下的营销实践，为学生的校内成长提供了接入行业实际的中间地带，既能体验现实行业的高标准和残酷竞争，同时又葆有试错调整空间，聚焦成长性；其二为交互性，相关企事业单位的项目需求特点与创新班的理论教学内容之间形成交互反馈，从本体化的知识体系设计输出到项目内容，再从项目操作效果反馈回提升知识体系有效性的精细化设计，行业实践中的需求借由创新班这一中台与理论教学内容形成交互作用；其三为融合性，结合不同的项目需求，以创新班的模式整合校内校外人才培养资源，实现师资、器材、课程内容等资源的高效融通。

2.中台衔接——双向统合项目需求与培养目标(图 1)

本届新媒体营销项目驱动创新班主要与学校宣传部/融媒体中心、三明市驻榕办/福建流量池文化传媒有限公司、建瓯市科学技术协会进行相关业务需求合作，以创新班作为中台承载业界需要与传媒专业人才培养目标之间的双向互动。新媒体营销创新班的设计宗旨在于培养符合新时期传播环境特点的新媒体类营销人才，希望参与的同学能够理解新媒体环境下的营销活动特点并具备相应的技能。项目需求通过真实存在的实践训练提出，这些需求导入创新班后由老师系统性分解并融合进整体教学实践环节之中，再通过学生作品反馈给项目方。同时也结合创新班中学生的表现进一步细化培养目标，一方面注重相关技能的培养，另一方面以案例和项目为参考，帮助学生树立正确的新媒体职业伦理操守和价值取向，并旨在通过真实项目的分组训练树立学生的创新理念，培养团队协作精神。创新班这一中台载体，既能够使得学生在校内学习阶段就能体验实际行业项目，也能够帮助教师了解传统教学内容与现实社会需求之间的差距所在，进一步细化培养目标，反馈修正相关的教学设计与人才培养模式革新之中。

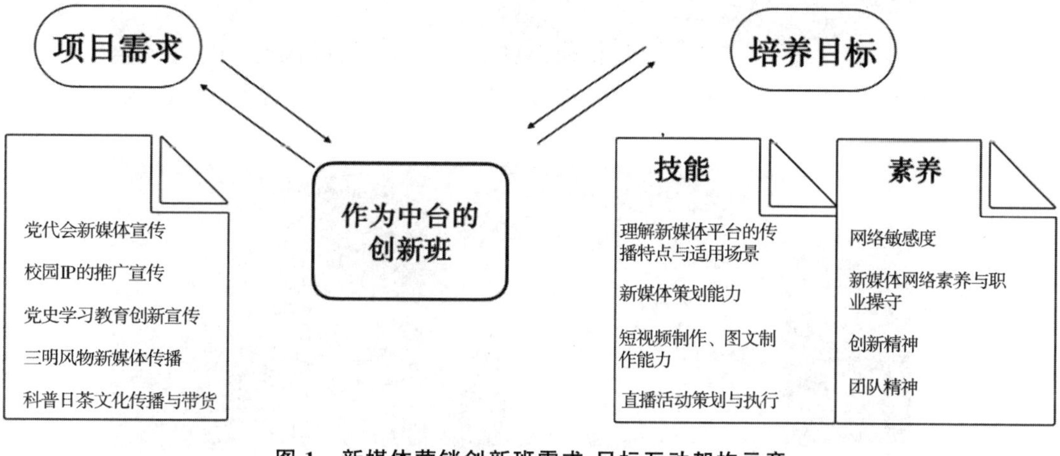

图 1 新媒体营销创新班需求-目标互动架构示意

(二)打磨知识体系：以科学的理论教学设计内化专业理念与素养

新媒体营销创新班运行的一个重要初衷在于弥补传统传媒教育的有限性，在课程设计上尤其强调突出贴合行业前沿、应用性强、干货丰富的特点，同时注重打造其在学院内部作为专业课程支撑体的领先性。因此,教学大纲的编制和实践活动的设计紧密围绕新媒体前沿发展趋势、传播环境特点,聚焦打造学生进行适合新媒体时代的内容生产制作策划的专业能力和素养,同时紧密贴合在地需求,让实践成果反馈更直观,让学生更加具有身临其境的参与感。

创新班的理论课程包括知识传授与技能培训,知识传授主要采用的是教师理论教学和业界人士分享,技能培训重点围绕项目所需求的新媒体内容,针对性地对学生的图文制作、短视频制作和直播能力进行训练提升。

课程的教学部分主要包括以下知识模块:

(1)新媒体场域内的专业认识。主要帮助学生建立对新媒体传播环境的基本认知,能够理解新媒体传播平台与环境特点。

(2)各类新媒体形态在营销场域内的应用。具体结合短视频、直播、主流媒体等元素讲解新媒体营销场域中的新动态、规律和技能,这个部分邀请业界专业人士与学界教师共同完成(图2至图4)。

图2 福建流量池文化传媒有限公司负责人为学生讲解新媒体运营和短视频创作

图3 福建省乐鱼文化发展有限公司 CEO 讲解直播营销

图 4　新华社驻泰国分社记者分享主流媒体的新媒体内容制作

(3)新媒体营销者需要具备的素养。包括专业技能类的素养，融合职业操守类的伦理素养，同时注重融入课程思政内容，在案例分析解读和项目需求分析方面融入大量正向价值引导。

(三)多元场景实践：推行紧扣地域发展实际的学以致用

新媒体营销项目驱动创新班融合了多个项目主体的新媒体宣传需求，在形式上有新媒体图文、短视频、直播、活动策划执行，在主题上有高校融媒体宣传(党代会新媒体传播、校园吉祥物推广传播、党史学习教育)、地方风物宣传与文化科普等。在创新班的学习过程中，学生的作业主要通过作品予以呈现，主要包括新媒体图文、短视频和直播策划执行作品，这些作品主要择优通过学校官方网络平台展示。实践环节采用循序进阶的方式推进，具体通过一次初级联手＋三次小组作业＋两次精英团队实践来完成，前三次小组作业是全班参与性质的，后两次精英团队项目则根据项目操作的复杂度择优选取前期表现优异的学生深度参与，进一步强化能力提升，做到因材施教，力求在创新班内部能够更好地识别人才特点并予以精细化培养。

1.预热练习——营销团队初组建

在进行三次项目主题下的小组作业之前，先安排学生自行组队选取短视频和图文两个方向，围绕学校生活主题进行一次内容创意练习，旨在促进团队磨合，形成内部初步分工，为适应项目需求打好前序基础。

2.全员小组作业——完整体验从需求到创意实现过程

第一次小组作业的主题为三明学院第三次党代会的新媒体报道。引导学生以团队为单位差异化自选主题，教师予以指导把关并修正选题角度，由学生撰写创意策划并按照各自方向执行。最终，在教师指导下产出了六个新媒体传播作品，其中图文作品成为学校官方公众号“一图读懂党代会”的创意缘起；短视频组提交第一次作品后由教师进一步指导细化选题，将两组创意融合，推出“明院学子 vlog 带你 360°了解党代会”(图5)，登上三明学院官方视频号。

图 5　学生作品“明院学子 vlog 带你 360°了解党代会”登上学校官方视频号

第二次小组作业的主题为助力支持三明学院吉祥物“明日明月”兄妹 IP 形象的推广传播。在邀请吉祥物创作团队负责人动画专业教师念家雯分享介绍吉祥物创作始末和发展过程之后(图 6)，学生们围绕校园 IP 与校园生活的无缝植入展开头脑风暴并制作了系列短视频作品。

图 6　三明学院明日明月 IP 团队指导教师念家雯分享校园 IP 诞生历程

第三次小组作业依托三明市驻榕办和福建流量池文化传媒有限公司的“源味三明”品牌推广展开，聚焦三明风物特点的新媒体宣传，校内外指导教师团通过线上线下结合的方式全程指导学生团队选题、创意视频脚本、拍摄剪辑制作等环节，最终成型六组聚焦三明特色的短视频作品(图 7)参与到创作大赛评选之中，评选结果尚未出炉。

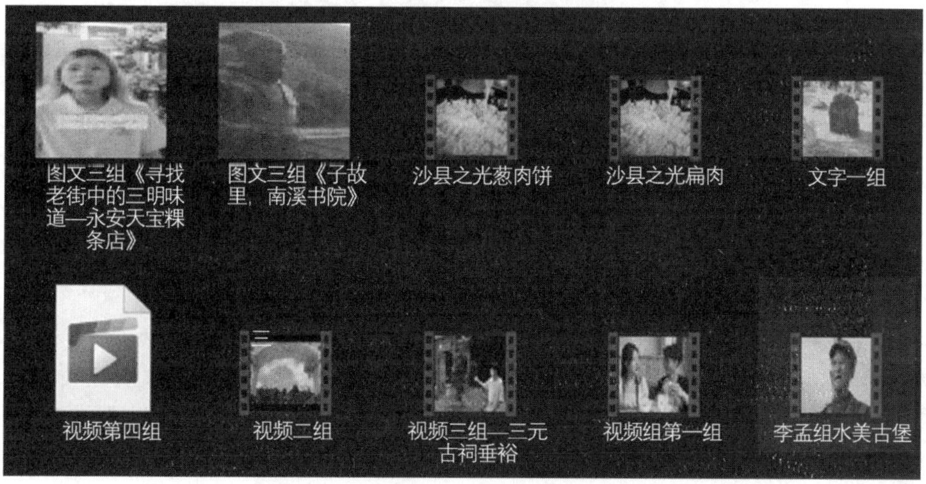

图 7　六组学生系列作品截图概览

3.精英团队实践——优中选优，力陈精品

选拔在相关领域表现优异的同学参与到更为有挑战和复杂度的项目之中，与教师一道为学院服务地方的精品化品牌助力。具体包括两个项目的实践训练过程。

其一是“三明实践”系列微党课创意制作。在创新班中选拔文案、拍摄、剪辑等水平较高的同学一同前往沙县进行内容创作，由师生共同打造献礼建党百年系列短视频栏目，聚焦“三明实践”中备受社会关注的议题，用通俗的语言、生动的方式对实践奋斗史中的卓越理念和时代精神进行解读，充分立足三明各地的实践资源作为“活教材”，通过实地参访“现场讲”、短视频轻传播“灵活学”的方式，渲染“在场感”十足的微党课作品。

微党课第一集《沙县小吃：富民产业是怎样炼成的》登录三明学院官方微信号和视频号后获得较好的点击量，同时获得《福建日报》新福建客户端、学习强国平台强国号的转载（图 8）。

图 8　学校视频号、新福建平台、学习强国平台上的相关转载报道

其二是学院与建瓯市科学技术协会共同合作的全国科普日建瓯助力“三茶”线上直播活动。从创新班中遴选能力水平与市场需求接轨的优秀学生，共同策划执行建瓯科学技术协会全国科普日当天的直播科普与带货活动，学生全场参与直播活动需求对接、创意策划和实际执行（图 9）。同时活动也受到了相关教育媒体的报道（图 10），相关链接如下：

http://www.fj.chinanews.com/news/2021/2021-09-17/490246.html

http://sm.fjsen.com/wap/2021-09/18/content_30841540.htm? page=pad

图 9 直播活动预热图、现场图与直播效果图

中新网福建新闻·正文

关注茶文化传播 三明学院学子主播助力乡村振兴

2021年09月17日 18:38:07
来源：中新网福建

中新网福建新闻9月17日电(李晨观 王劭政) “今天的活动现场您不仅可以加深自己对茶文化的了解，还能以最优惠的价格购买到它们”……9月15日晚，一场以“助力科普，青春助农”直播带货秀在三明学院文化传播学院直播间里精彩上演。汤水鲜爽的南路水仙、香气高扬的闽北大红袍、回味甘甜的陈年佳酿等，这些来自福建建瓯闽北乌龙茶代表悉数亮相，高校学子主播们倾情科普每款茶叶背后的故事，立即吸引了网友们好奇的眼球。

据了解，9月11日至17日，以“百年再出发，迈向高水平科技自立自强”为主题的2021年全国科普日活动在全国各地举行。为更好的传播茶文化、普及茶知识，三明

东南网 FJSEN.COM PC版

推荐 福建 时评 国内 国际 视频

关注茶文化传播 三明学院学子直播助力乡村振兴

来源：东南网 | 作者：李晨观 王劭政 | 时间：2021-09-18

主播们倾情科普每款茶叶背后的故事

东南网9月18日讯（通讯员 李晨观 王劭政 文/图）“今天的活动现场，您不仅可以加深自己对茶文化的了解，还能以最优惠的价格购买到它们”……9月15日晚，一场以“助力科普，青春助农”直播带货秀在三明学院文化传播学院直播间里精彩上演。汤水鲜爽的南路水仙、香气高扬的闽北大红袍、回味甘甜的陈年佳酿等，这些来自福建建瓯闽北乌龙茶代表悉数亮相，高校学子主播们倾情科普每款茶叶背后的故事，立即吸引了网友们好奇的眼球。

据了解，9月11日至17日，以“百年再出发，迈向高水平科技自立自强”为主题的2021年全国科普日活动在全国各地举行。为更好地传播茶文化、普及茶知识，三明学院文化传播学院与闽北乌龙茶科技小院松清示范基地开展共建合作，在科普日期间，以直播带货为切入点，为新时期服务“三农”和助力乡

图 10 媒体报道截图

四、结 尾

新媒体时代的不断深入，为传媒教育带来了新的机遇和挑战。新媒体营销创新班即是在结合时代风口、社会需要、学科发展趋势需求上的一次有益尝试，力求将校内人才培养更加无缝接入新媒体时代，同时将作为品牌创新班继续打磨推行。

新业态下应用型跨境电商人才培养模式创新与实践

——以"跨境电商项目驱动创新班"为例

执笔人:阴翠梅

内容提要:随着全球化的发展,中国为提升国力,推动创新驱动发展,提出"一带一路""互联网+"等重大战略,新经济新产业的发展对应用型、复合型人才的需求骤增。为此,海外学院(外国语学院)商务英语系以学校"创应用强校,育致用大才"目标为指引,深入推进产教融合、校企合作,积极探索新业态下跨境电商应用型人才培养新思路与新模式,创办了"跨境电商项目驱动创新班"。该创新班由校企共同探讨人才培养规划、课程设置,以项目为导向,以学生为主体,训练学生实操能力,培养新经济新业态下的应用型创新人才。

关键词:跨境电商项目驱动创新班;人才培养模式;跨境电商助创计划

一、引　言

全球化的发展,"一带一路""互联网+"等重大战略的提出和新经济新产业的发展对应用型、复合型人才提出更高要求。高质量培养各类专业人才是高校义不容辞的使命担当。2017年国家发布《国务院办公厅关于深化产教融合的若干意见》(国办发〔2017〕95号)指出:深化高等教育改革,发挥企业主体作用,促进人才培养供给侧和产业需求侧结构要素全方位融合,培养高质量创新人才,促进经济社会高质量发展。为此,三明学院海外学院(外国语学院)商务英语系创办"跨境电商项目驱动创新班",努力推进产教融合、校企合作,积极探索新业态下跨境电商应用型人才培养新思路与新模式。

二、相关背景介绍

(一)项目教学法概述

项目驱动创新班的创办理念来源于建构主义理论下的项目教学法。项目教学法以项目为核心,以学生为主体,以教师为指导,学生通过全程参与或部分参与一个项目的实施过程,学习掌握专业知识和技能,并以一个可视产品(如文案、设计、演出等)作为项目成果。该教学法注重学生在项目实施过程中的自主构建,以培养学生分析问题和解决问题的能力以及团队合作精神为目的。这种教学模式改变了传统教学中"填鸭式"听课模式,将理论与实践紧密结合,让学生从被动学习转为主动学习,激发了学生的创造力和协同互助精神。

(二)"跨境电商项目驱动创新班"简介

项目驱动创新班是三明学院"五位一体"应用型人才培养模式的重要组成部分。"跨境电商项目驱动创新班"主要依托厦门跨境电商贸易商圈企业,尤其是校外专业实践基地厦门宏聚工贸有限公司、睿泉工贸(厦门)有限公司与福建亿学教育科技集团有限公司开展活动。厦门宏聚工贸有限公司是一家由三明学院校友创办的新型跨境电子商务贸易公司,公司成立之初即与学校开展合作,建立校外专业实践基地。四年来,公司共接纳学校商务英语专业四届毕业生毕业实习并接收六名毕业生进入公司就业。睿泉工贸(厦门)有限公司是一家工厂型跨境电商贸易公司,于 2017 年与学校合作,建立校外专业实践基地,共接纳四届毕业生实习并招收七名毕业生。这两家公司为创新班提供阿里巴巴国际站平台账号,选派优秀企业主管担任创新班课程主讲人并指导实施项目运营全过程。福建亿学教育科技集团有限公司则为创新班提供线上实训资源与管理,提升学生实践能力。

"跨境电商项目驱动创新班"把业界和学校紧密联系在一起,使学生的主体地位得到充分体现。创新班教学是精英教学、跨界教学,具有鲜明的应用色彩和创新创业色彩,通过创新班课程与培养方案课程对接、为毕业论文提供选题、互换第二课堂学分,创新人才培养模式等,高质量培养跨界融合、创新实践、专业强、素质优的应用型跨境电商专业人才。

项目驱动创新班现已连续开设三期,共招收商务英语、国际贸易经济、物流管理、财务管理、市场营销、车辆工程等专业学员 107 人,取得较好成效。

三、创新班建设与管理

(一)构建项目驱动创新班管理机制

为确保项目驱动创新班顺利运行,做好项目开展的统一协调和组织工作并达到预期目标,项目组构建校企联合的项目驱动创新班管理机制(图 1),形成以学校为指导,企业为主体的校企共管模式。

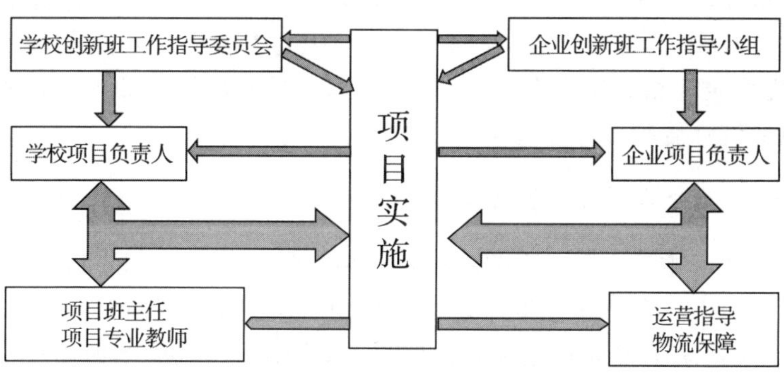

图 1 跨境电商项目驱动创新班管理机制

（二）组建创新班人才培养创新团队、合理设置课程

为培养学生创新意识与创业能力，创新班与厦门海沧跨境电商圈合作，遴选聘任优秀企业经理与业务主管到校为创新班授课，组建校内校外一体式人才培养创新团队。

同时，创新班还与企业共同设置创新班课程，内容涵盖跨境电商行业发展、职业规划与学习、企业运营、技术平台的操作等（附件1）。

（三）跨学院跨专业招生

根据企业对跨境电商人才需求的要求，“跨境电商项目驱动创新班”自成立之初就明确了跨学院跨专业招生的宗旨，主要面向本校商务英语、物流管理、财务管理、电子商务、市场营销、国际贸易经济等专业三、四年级学生招生。

（四）构建“校内教师理论授课→业师实务授课→线上综合实训→助创计划→企业顶岗”一体化的实践教学模式

“跨境电商项目驱动创新班”注重实践教学。首先，在校内专业教师理论授课基础上，通过与企业合作，聘请企业资深主管或总经理进校为学生进行专题实务授课，课程内容融入大量实践案例；其次，课程教学结束后，学生利用合作企业相关网络平台进行线上综合实训，进一步巩固理论知识，增强实践意识（附件2）；在此基础上，选拔优秀学生参与企业提供的“跨境电商助创计划”项目，开展创业运营；最后，通过企业选拔的学生可直接进入相关企业进行顶岗实习及就业。这种“校内教师理论授课→业师实务授课→线上综合实训→助创计划→企业顶岗”一体化的实践教学模式，大大提高了学生的创新意识和实践能力，缩短了学生毕业与就业的距离，部分学生实现毕业与就业的零距离接轨。

（五）配备校企兼职班主任，加强班级管理

为进一步加强创新班管理，每一期创新班配备校内班主任、企业班主任和班长各一名。校内班主任聘请毕业班辅导员担任，主要负责招生报名期的咨询、报名和学生信息收集以及开班期间的学生管理工作。班长从创新班选拔，主要配合班主任共同进行班级管理及作业收缴、信息反馈收集工作。企业班主任由企业方任命一名人力资源管理人员，负责提供企业相关信息咨询、产品咨询和项目实施期间的人力资源管理（如考勤、奖励等信息的统计管理工作），增强学生的企业管理意识。

（六）开展企业研学活动，领略跨境电商企业文化

在理论授课结束后，创新班组织学生开展企业研学活动，让学生近距离感受跨境电商企业文化（图2）。活动进一步深化了跨境电商人才培养的校企合作，开阔了学生视野，加深了学生对跨境电商行业和企业的了解，为学生步入职场做出正确选择以及将来职业发展奠定良好基础。

图2 2020“跨境电商项目驱动创新班”企业研学合影

(七)参加各级各类跨境电商创新创业大赛，以赛促学

自2018年项目驱动创新班开设以来，每年均选派学生参加由中国国际贸易学会和全国职业教育教学指导委员会主办的“OCALE全国跨境电商创新创业能力大赛”，且参赛人数逐年增加，2018年选派一队三名学生参赛；2019年选派两队六名学生参赛；2020年选派三队九名学生参赛。此外，2019年还选派学生参加第一届福建省“邮政速递杯”大学生跨境电商技能大赛(图3)，都取得不错的成绩。

图3 第一届福建省“邮政速递杯”大学生跨境电商技能大赛

(八)开展"跨境电商助创计划",启动创业训练

课堂教学结束后,相关企业遴选优秀学员参加"跨境电商助创计划",开展创业训练。厦门宏聚工贸有限公司等企业提供真实账号平台与产品,指导学员开展跨境电商业务。学员们两人一组,学习如何遴选产品、上传产品、进行后台数据运营、开展交易谈判等实际业务。考核以组为单位核算业绩,进行奖励与淘汰。在项目实施过程中,学员们要全程参与个人业务开发与拓展,同时还必须关注小组运营,既要创造个人业绩,又要互相合作,共同进步。这种创业训练既能提高学生的个人专业实践能力,又能培养学生的团体合作精神。绩效管理则增强了学生的企业管理意识、创新意识和创业意识,为今后就业和创业打下良好的基础(附件3)。

(九)收集学生学习心得反馈,逐步完善提升创新班课程设置与创新创业实践

项目驱动创新班是个新生事物,目前处于探索阶段,因此活动实践的效果反馈尤其重要。在项目驱动创新班各阶段活动结束后,均要求参与学生提交活动心得或意见建议(附件4)。项目组在收集学生心得、意见反馈后深入研讨,对项目活动规划进行调整,逐步改进、完善、提升课程设置的合理性与实践性。

三、项目成效

(一)项目衍生的"众联科技"跨境电商人才培养项目获批校级横向科研项目立项

基于跨境电商人才培养的"跨境电商项目驱动创新班"改革获得企业认可及支持,2020年厦门众联科技有限公司与学校合作,开展跨境电商人才培养横向研究并获校级科研立项支持。

(二)实现跨专业跨学院办班并建立第二课堂学分与专业学分互通互认机制

自2018年以来,"跨境电商项目驱动创新班"已连续开办三期,参加该项目的学生分别来自商务英语、国际贸易经济、物流管理、财务管理、市场营销、车辆工程等专业,实现跨专业跨学院办班。同时,创新班还建立第二课堂学分与专业学分互通互认机制,即修满课程,考核合格者,经跨境电商项目驱动创新班工作指导委员会审核,给予学分认定。该学分经相关院系认定,可与原专业培养方案确定的相关课程进行学分互换,也可以认定为第二课堂学分。

(三)学生课外学科竞赛成果逐年上升,创新创业实践意识与能力不断增强

"跨境电商项目驱动创新班"的实施,大大增强了学生的创新创业实践意识和能力。自项目实施以来,创新班学员积极参加各级各类校级以上学科竞赛和创新创业大赛,获得多个奖项,如2019年"福建省首届'邮政速递杯'大学生跨境电商技能大赛"团体二等奖、"福建省首届跨境电商新零售买手大赛"优秀奖,2018年第三届"OCALE全国跨境

电商创新创业能力大赛”团体三等奖一项，2019 年第四届“OCALE 全国跨境电商创新创业能力大赛”团体三等奖两项，2020 年第五届“OCALE 全国跨境电商创新创业能力大赛”团体二等奖一项、三等奖两项及多项个人奖项和指导老师奖项。

（四）“跨境电商助创计划”生产型实训落地并得到一定推广

“跨境电商助创计划”由企业提供跨境电商平台账号，学生 3～5 人组队参加创业实训。2018 年 11 月，张培祥、杨媛等同学组队参加“速卖通”平台创业实训，三个月内获得数笔订单。2019 年 2 月至 6 月，创新班同学利用合作企业阿里巴巴 168 平台账号开展创业实训，共获得 64 笔订单，成交金额＄28648.32。这一实训模式由过去的消耗性实训转变为生产型实训，大大增强了校企合作的可持续发展。项目驱动创新班模式获得企业高度认可。2020 年第三期创新班授课结束后，企业扩大合作规模，在三明成立分公司，购置阿里巴巴国际站账号，专门提供学生进行该项创业实践。

（五）实现实习、就业零接轨

在创新班授课过程中，企业与学生面对面，企业可以利用这一平台向学生展示企业风采和企业文化，近距离深度了解学生，招聘中意学生到企业工作；学生可以咨询企业导师，了解企业规模、企业产品以及企业发展，更好地选择实习、就业单位。企业与学员在达成双向意向时，可直接签订就业协议，学员在毕业实习期就能获得试用期工资，毕业后直接转正，实现实习就业零接轨。在 2018 年秋季的校园招聘会中，创新班近一半学员获得厦门相关企业实习就业机会。2019 年和 2020 年校园招聘则吸引更多的企业进校参加跨境电商人才专场招聘，有些企业连续三年招收创新班学生。

四、案例分析与经验分享

项目教学法是“行为导向教学法”的一种模式。“行为导向教学法”具有鲜明的职业教育特色，是以职业活动为导向，以教会学生“学会学习、学会工作”为目标而展开的教学活动。对学习者来说，学习目的是十分明确的，即现在的学习是为今后的就业服务。“跨境电商项目驱动创新班”的目的非常明确，就是要让学生在参与项目的过程中不仅获取跨境电商知识、技能，还要学会学习、学会应用、学会创新，不断提高自身综合素质。在“跨境电商助创计划”项目参与过程中，学生学会自己组建团队、进行合理任务分工、收集信息、策划方案并最终完成项目的实施及结果的评价。学生不仅学会了知识，掌握了技能，更获得了解决问题的经验和自我认知能力。同时，与虚拟项目不同的是，这种生产型实践教学模式是对企业投资的一种回报，让企业在校企合作中获得实质利益，而不是像过去一样，只有投入没有效益。这种新型产教融合模式实现了学生、企业、学校之间的互赢，具有强大的生命力，很好地解决了校企合作中的可持续发展问题。

“跨境电商项目驱动创新班”应用项目驱动教学法，积极探索跨境电商人才培养新思路、新模式，更好地为企业、社会培养新业态下的应用型创新人才。不足的是创新班建设还处在探索阶段，未形成规模，今后将进一步扩大合作企业数量、加深与企业的合作力度，逐步形成持续性规模效应。

附件 1：

跨境电商项目驱动创新班课程设置

课程类型	具体课程	学　分	课时数	主讲人	单　位
理论课程	跨境电商基础	1	16 课时	蔡恒声	三明学院海外学院（外国语学院）
	职业规划 & 幸福外贸人		2 课时	伍东玲	厦门携发塑料包装有限公司
	首封询盘如何回复		2 课时	陈晓林	厦门优莱克商贸有限公司
	询盘回复技巧		2 课时	涂宝兴	厦门镜雅光学有限公司
	客户关系处理		2 课时	刘　荣	厦门石惠石制品有限公司
实务课程	RFQ＋客户关系	1	2 课时	王兴华	厦门格灵岚德有限公司
	成单思维与套路技巧		2 课时	张兴川	厦门宏聚工贸有限公司
	商务会谈技巧		2 课时	赵睿良	睿泉工贸(厦门)有限公司
	阿里平台运营技巧		2 课时	林森华	厦门传橙科技有限公司
	优秀业务员成长历程		2 课时	高艺貌	厦门微加包装有限公司
实训课程	国际贸易与跨境电商	1	1～2 周	线上	三明学院海外学院（外国语学院）厦门亿学教育集团
助创计划	“众联科技”助创计划	1	4 周＋	企业导师	厦门众联科技有限公司
顶岗实践	跨境电商业务员	1	4 周＋	企业导师	厦门海沧电商圈企业

附件 2：

学生实训成果

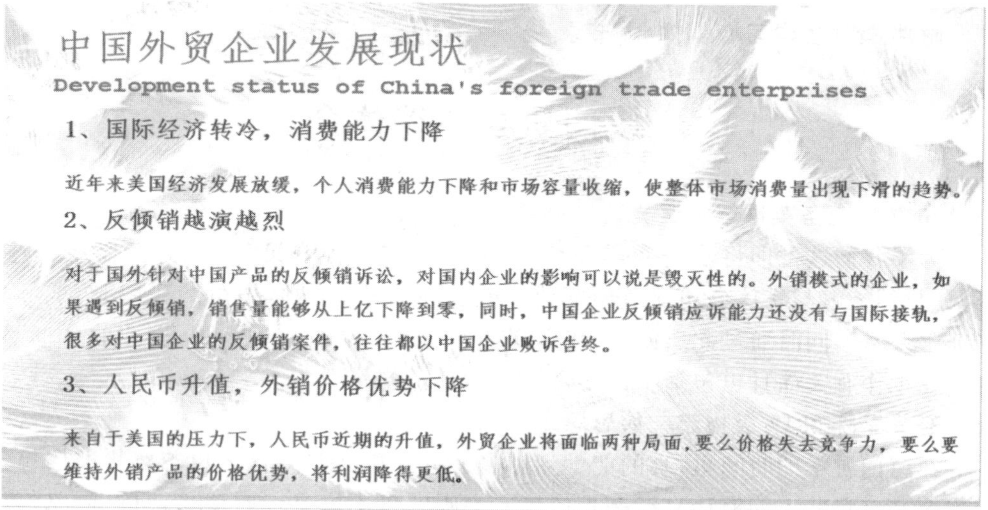

中国外贸企业发展现状

Development status of China's foreign trade enterprises

1、国际经济转冷，消费能力下降

近年来美国经济发展放缓，个人消费能力下降和市场容量收缩，使整体市场消费量出现下滑的趋势。

2、反倾销越演越烈

对于国外针对中国产品的反倾销诉讼，对国内企业的影响可以说是毁灭性的。外销模式的企业，如果遇到反倾销，销售量能够从上亿下降到零，同时，中国企业反倾销应诉能力还没有与国际接轨，很多对中国企业的反倾销案件，往往都以中国企业败诉告终。

3、人民币升值，外销价格优势下降

来自于美国的压力下，人民币近期的升值，外贸企业将面临两种局面，要么价格失去竞争力，要么要维持外销产品的价格优势，将利润降得更低。

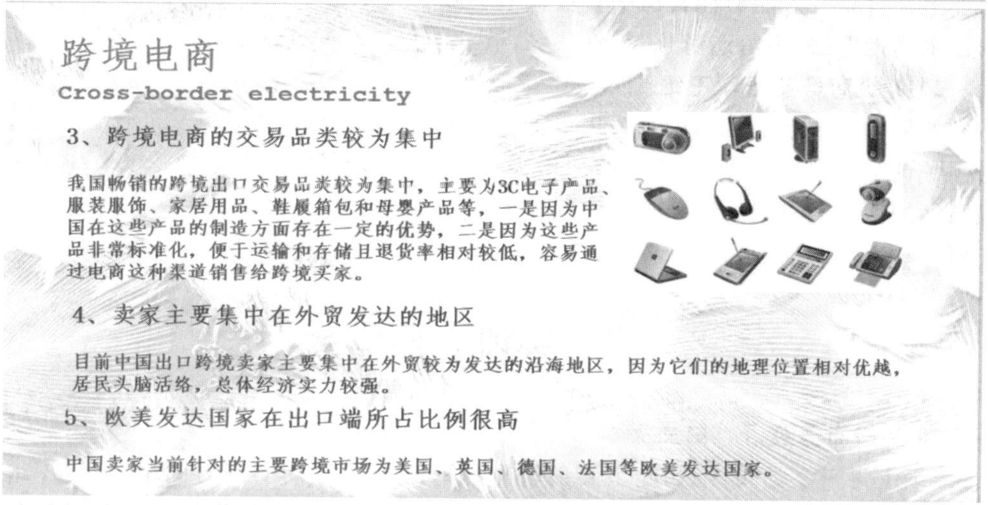

跨境电商

Cross-border electricity

3、跨境电商的交易品类较为集中

我国畅销的跨境出口交易品类较为集中，主要为3C电子产品、服装服饰、家居用品、鞋履箱包和母婴产品等，一是因为中国在这些产品的制造方面存在一定的优势，二是因为这些产品非常标准化，便于运输和存储且退货率相对较低，容易通过电商这种渠道销售给跨境买家。

4、卖家主要集中在外贸发达的地区

目前中国出口跨境卖家主要集中在外贸较为发达的沿海地区，因为它们的地理位置相对优越，居民头脑活络，总体经济实力较强。

5、欧美发达国家在出口端所占比例很高

中国卖家当前针对的主要跨境市场为美国、英国、德国、法国等欧美发达国家。

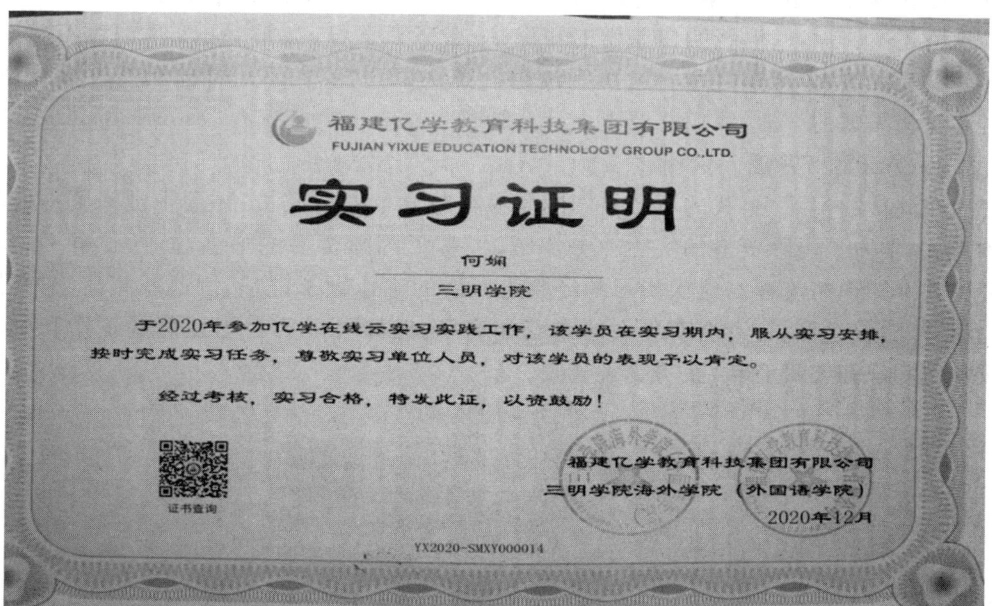

福建亿学教育科技集团有限公司

FUJIAN YIXUE EDUCATION TECHNOLOGY GROUP CO.,LTD.

实习证明

何娴

三明学院

于2020年参加亿学在线云实习实践工作，该学员在实习期内，服从实习安排，按时完成实习任务，尊敬实习单位人员，对该学员的表现予以肯定。

经过考核，实习合格，特发此证，以资鼓励！

证书查询

福建亿学教育科技集团有限公司

三明学院海外学院（外国语学院）

2020年12月

YX2020-SMXY000014

附件 3:学生学习心得体会(节录)

厦门研学心得体会

2017 级商务英语 A　温美慧

为了我们这批即将步入实习岗位的学生,学校领导高度重视,为我们策划这次研学,让我们能够与实体公司面对面交流。能够在职前去实体公司了解情况、学习,我感到非常荣幸。同时通过此次游学,我学到了许多课本上没有的知识,企业的分享不仅仅和择业工作有关而且也包括生活学习。

经管学院 2017 级物流　徐思思

在厦门游学的时间里,真的能学到许多。总有那么些人整天想着要找谁依赖着,可事实上又有哪些人能够让自己一直依赖下去呢？只不过是一时罢了,自己的路,总要靠自己永远走下去,不留遗憾!

2017 级商务英语　王维

如果说在游学之前我还对跨境电商这个行业的最新趋势不熟悉的话,在传橙我就看到了这个公司的发展,尤其是跨境电商的潜力让我为之精神一振。我看到了传橙极其强大的活力,还有巨大的学习空间,我相信只要我用心去学,一定可以收获很多的东西。

线上实训心得体会

2017 级商务英语　白文秀

“纸上得来终觉浅,绝知此事要躬行!”在这短短的两周实训时间里,我深深地感觉到自己在实际应用中所学专业知识的匮乏。“人非生而知之”,虽然我此刻对所学知识的领悟还不够深入,但我明白要学的知识,一靠努力学习,二靠潜心实践。没有实践,学习就是无源之水,无本之木。这次实践也让我认识到,我们不可能永远待在象牙塔里,过着无忧无虑的生活,我们总要走上社会的。

2017 级财务管理　黄瑞

在此次的实习中,我的职位是国际贸易与跨境电商研究员,体验了国际贸易实务实训系统,学习了国际贸易的实际业务流程,了解了国际贸易的最新趋势,了解了跨境电商的基本知识与流程。这次实习的经验为以后的工作做了铺垫,因此我相信,只要用心去学习,勇敢尝试,一定会有更大的收获和启发,这样可以为自己以后的工作和生活积累丰富知识和宝贵经验,获得更大收获。

基于沉浸理论的非师范类学生教师教育人才培养模式探索

——以三明学院非师范类学生首期教师教育人才培养创新班为例

执笔人:陈秀琼,张新文,陈雪颖,宁亚萍

内容提要:为培养三明市基础教育紧缺学科的教师教育人才,在短期内缓解地方师资紧缺问题,创建了非师范类学生首期教师教育人才培养创新班(以下简称"非师创新班")。非师创新班以沉浸理念为指导,以"一课双师"导师队伍为支撑,以"教师教育讲座、教育教学实践、面试辅导"研学模块为载体,以"课程化、任务化、学分化"学校第二课堂管理制度为保障,创建了乐学爱教、互帮互助的"准教师"学习共同体,师德情怀、教育教学能力和水平提高显著。首期共招生38名,结业33名,培训效果得到三明市教育局领导的高度认可,为同类创新班的开设提供了借鉴和参考。

关键词:非师范类学生;教学能力;沉浸式教学;创新班

一、引　言

近年来,随着教育兴国战略的实施和二胎、三胎政策的先后开放,地方基础教育师资的需求与日俱增。为缓解基础教育师资紧缺问题,已有许多非师范生取得教师资格证后进入公立中小学任职,但由于缺乏系统培养,非师范类学生存在教师教育能力等综合素质良莠不齐的现象,已经成为三明各县(市、区)教育主管部门亟待解决的问题。

二、背景介绍

2019年初,三明学院师范学部随校领导分别走访调研了三明市12个县(市、区),就校地双方基础教育教师综合素质提升、公费师范生培养、教师专业发展学校建立、生源基地共建等问题开展交流洽谈。通过深入调研,总结了当前三明市基础教育师资存在的一些突出问题:第一,数量不足。教师老龄化严重,叠加二胎政策,小学、幼儿园师资队伍缺口较大。第二,质量不高。因教师数量不足,近年招聘了大批非师范类毕业生从事教学工作,教学技能和课堂组织教学能力明显不足,教学效果不佳,且多数未能达到"全科型"教师水平,不能满足乡村教学需求。第三,稳定性不够。相比之下,非师范类毕业生教师职业精神不足,专业思想不稳定,教育情怀不浓,职业认同感较弱,特别是在农村工作的,因交通不便、待遇薄弱、生活条件艰苦等,呈现"下不去""留不住"的现象。第四,结构不平衡。大部分县(市、区)中学语文、数学、外语教师相对充足,但科学、地理、历史、音乐、体育、心理等小学科教师紧缺。

为缓解以上问题，三明市政府出台《关于进一步加强和改进师范生培养的九条措施》，明确指出“鼓励优秀非师范类专业学生参加教师资格证考试、教师招聘考试，鼓励非师范类专业学生参加生物、化学、物理、信息技术、小学科学等专业教师培养项目驱动创新班，通过修读教师教育相关课程、参加教育实践等方式，全方位提升非师范类专业学生的教育教学能力与素质，实现短期内充实到教师队伍中”。

作为应用型本科院校，三明学院相关专业均有一些学生具有从教意愿，自主通过教师资格证考试，并报名参加相关县(市、区)教师招考。为贯彻落实有关文件精神，学校提出了实施“宽口径”教师教育人才培养，即在办好原有师范专业基础上，组建非师创新班，以三明市基础教育师资需求为导向，免费订单式培养三明市基础教育紧缺学科的师范教育人才，将一批有从教意愿的非师范类专业学生培养成为符合三明市基础教育紧缺急需专业教师条件的教育人才，在短期内缓解地方师资紧缺问题。

三、办班思路与理论依据

(一)办班思路

近几年，全国又掀起了非师范类学生参加教师招考的热潮。为帮助未来有意从教的非师范类学生迅速掌握教育教学的基本理念、方法，有效地提升师德情怀与教育教学能力，实现成为人民教师的梦想，该班以沉浸理念为指导，以“一课双师”导师队伍为支撑，以“教师教育讲座、教育教学实践、面试辅导”研学模块为载体，以“课程化、任务化、学分化”学校第二课堂管理制度为保障，创建了乐学爱教、互帮互助的“准教师”学习共同体，有效地提升师德情怀与教育教学能力。

(二)理论依据

沉浸理论源于积极心理学奠基人米哈里·契克森米哈赖(Mihaly Csikszentmihalyi)提出的“沉浸”(flow，也译作心流)、“最优体验”(optimal experience)、“沉浸体验”(flow experience)等理论观点。沉浸体验指的是人们全身心地完全沉浸于正在做的事情，为了一个清晰的目标而努力发挥自己的潜能，进而进入忘我的境界，形成一个可持续且乐此不疲的良性循环过程[1]。基于沉浸理论教学模式特点是以加强教师“浸”的主导方式，发挥学生“入”的主体作用，从而激发学生自身的学习动力，使其能全身心投入到学习中，达到学生对知识能听明白、消化并且进行吸收的目的。[2]由此可见，该理论特别适合短期内培养非师范类学生的师德情怀和教育教学能力。

四、内容设计与实施

(一)学员遴选与审核

非师创新班面向全校非师范专业大三、大四学生招生，遴选同时符合以下三个条件的学生参加：一是具有较强的从教意愿、良好的思想品德、端正的学习态度；二是参加过全国教师资格证考试(取得全国教师资格证书者优先)；三是承诺毕业当年参加当地中小学教师岗位招聘。学员的退出和准入严格遵循自愿、公平、公正以及双向选择原则。非师创新班报名通知一经发布就受到了非师范生的热情回应，首批共 53 人报名，超出预定招生人数 30 人，经过择优筛选，遴选出 38 名学员。

（二）课程设置与师资配备

非师创新班以提高非师范生的教育教学能力为目标，采用课程化、任务化、学分化的模式进行，开设线上与线下相结合的课程 10 门（表 1），共 3 个学分；利用周末或节假日时间集中研习，为期 3 个月；研习方式包括专题讲座、教学演练、实习观摩及在线学习等；教师队伍由校内优秀骨干教师及中小学一线优秀教师和优秀教育管理者组成。

表 1　2020 年非师创新班课程安排

课程模块	时　间	内　容
教师教育理论讲座	第 1 周	开班仪式
		教师教育学讲座
		教师教育学讲座
	第 2 周	教师教育学讲座
		教育心理学讲座
	第 3 周	教育心理学讲座
		教育心理学讲座
	第 4 周	师德与教育法规讲座
	第 5 周	班级管理讲座
教育实践	第 1～5 周	教学设计原理与方法
	第 6 周	教学 PPT 设计工作坊
	第 7 周	有效教学及示范
		教学演练
	第 8 周	教育见习
面试辅导	第 1～6 周	用礼仪打造教师魅力形象
	第 9 周	教师招考面试辅导讲座
	第 10 周	片段教学展示（分四队）及颁证仪式

（三）考核方式及学分置换

课程采取过程性考核与终结性考核相结合，由主讲（指导）教师评定成绩。全部课程合格者可以置换各专业第二课堂或通识选修课学分（学分置换具体方案由各有关学院制定），学校颁发合格证书。

五、办班成效与收获

(一)学员进步与成长

通过三个月学员认真投入的研习、学校精心的管理,每位学员都获得长足的进步,主要体现在以下三个方面。

1.教育理论得到补充

非师范生通过教育学、心理学、师德、法律法规、班级管理等相关课程的学习,改善了教育基本理论知识不足的情况。学员们在有限的学习中,积极主动,勤奋努力,充实自己,不仅是为应对考试,更是为日后成长为一名合格教师积累必要的理论知识。

2.教学能力得到提升

教学设计、教学试讲、教育见习等实践环节的开展,让学生有机会站上讲台,走进课堂,现场观摩。学员们在教学试讲、学习观摩、交流经验等过程中,不仅对讲台、课堂和教学有了自己独特的体会,教学能力也得到长足的进步。

3.教师认同感得到强化

无论是理论知识的学习,还是教学实践的参与,学员们全身心沉浸在为师的酸甜苦辣之中,对教师的角色有了更加深刻的感悟和体验,教师的职业认同感更加强烈,每个人都变得更加自信。

(二)市校领导充分肯定

校领导高度重视,亲自指导非师创新班培养方案制订及实施过程。三明市教育局对非师创新班的设立给予了高度评价,对学员们的努力和收获给予了充分肯定,并与我校共同认定结业证书。市委教育工委、教育局党组书记、三明市教育局副局长参加我校非师创新班结业仪式并为全体学员颁发结业证书(图 1)。

图 1　三明市教育局领导参加首期非师创新班结业仪式

六、培训班主要亮点

(一)课程设置循序渐进

传统的高校非师范生教师培训往往只是开设教育学与心理学两门课程,偏向于注重理论方面的学习。非师创新班打破传统非师教育的授课方式,紧扣应用型教育教学前沿理论,密切结合教育实践,打造结构完整(教师教育讲座+教育教学实践+面试辅导),内容丰富(包括教育学、心理学、师德、法律法规、班级管理、教学设计、教学试讲、教育见习、面试辅导、礼仪规范等课程),形式多样(采用线上与线下相结合、理论与实践相结合的方式)的课程体系,使学员在学习教师教育理论知识、教师技能的同时,培养教育情怀,真正接触基础教育实际,实现从课程培训到中小学实地演练的科学过渡。

(1)重视培养学生的理论知识。课程内容包含教师教育学、教育心理学、师德与教育法规、班级管理及教学设计原理与方法等相关内容,提升非师范生教师教育教学理论。

(2)强调教育教学实践。见习是非师范生教育实践的一个重点环节。学员们走进中小学课堂,在指导教师的辅导下,学习体会教学的系统过程和具体方法,了解各种先进的教学理念和熟悉教学设备。将课程理论与中小学实际教学需求相对接,将中小学育人资源和经验运用于非师范生教师教育人才培养,帮助非师范生更加深入了解基础教育教学。

(3)开设教师礼仪、教师招考面试辅导、片段教学展示课程。聘请中小学一线优秀教师及教师招考评委进入非师创新班参与教师礼仪、面试辅导和片段教学等课程教学,使学员对教师招聘和教学有更深入的认识和理解。

(二)培训模式科学有效

根据非师教师教育人才培养及多学科混班训练的实际情况及特点,对非师创新班的教学模式、教学内容和教学方法进行了一系列的探索和实践,构建一种通过让学员主动参与,使学员理解并建构知识、发展能力、产生情感、生成意义的沉浸式培训模式,主要包括试讲演练、同伴交流、小组反馈、风采展示和反思总结五个环节。

1.试讲演练

试讲演练是由教师精心设置一定的教学场景,让学员全身心地融入、沉浸和情感交流。在教学演练中,引入"以学生为中心"的课程教学设计(图 2),它强调面向学生未来的社会、家庭和个人发展等需要进行课程设计与开发,指导学员树立课程思政理念,挖掘课程思政元素,在全面分析教学环境的基础上,以促进学生有意义学习为目标、以评估与反馈为牵引、以主动学习为载体,逆向、整合地设计课程教学方案,提高课程教学育人能力。培训由我校六位获得 ISW(Instructional Skills Workshop,教学技能工作坊)和 FDW(Facilitator Development Workshop,教学技能引导工作坊)国际认证,培训资质的导师独立带领各组学员进行两轮的教学演练并组织反馈。六组学员在 BOPPPS [bridge-in(导言)、objective(学习目标)、pre-assessment(前测)、participatory learning(参与式学习)、post-assessment(后测)、summary(总结)]有效教学结构六大环节[3]学习的基础上，设定研习目标，并轮流作为试讲者和学习者参与BOPPPS全流程演练活动，包括教学课题选取、十分钟微课教学设计和课件制作、教学环境布置、十分钟微课试讲、引导员与试讲者一对一交谈（图3）等过程。学员在经过两轮试讲演练后，感受很明显，整个演练过程使他们仿佛置身于中小学的课堂，深刻地感受到教学设计的趣味性和所学知识得以实践的实操性（图4）。

图2　培训导师讲解“以学生为中心”的课程教学设计

图3　培训导师与试讲者一对一交谈

图4　非师创新班学员进行教学演练

2.同伴交流

每组学员在演练过程中具有不同的角色体验，他们既是试讲者亦是反馈者。学员通过观察别人的试讲和演练，使自己受到启迪；通过填写同伴回馈单给予和接纳同伴的反馈，互相评价能引导学员大胆地阐述自己的观点，并对自己的思维过程和观点进行反思。这种教学方法，可以让每一位学员都参与到其他学员设置的课堂情景中去，通过思考、反思、体验，最终达到教学效果，并且还能充分挖掘每位学员的新思维、新想法。更重要的是，学员能从对方的评论中得到启发，从而加深对教学过程的理解。整个教与学过程中的同伴交流，促使学员之间互相学习、纠错，共同进步。

3.小组反馈

在每轮演练后，小组进行反馈总结。小组中的学员来自不同专业的学生，具有不同的学科背景，在总结过程中呈现多学科交叉的情况。每位学员是平等的，他们团结互助、互相信任、互相尊重，为了共同的学习目标而努力，构建学习共同体。学习共同体的两个核心理念就是平等和倾听，这也是它区别于传统小组合作式学习的根本点，对于打破当前分科教学的弊端、激发学员的探究意识、促进学员深度学习具有积极意义。

4.风采展示

学员以小组为单位参加片段教学展示，围绕拟任课程选择一个知识点或技能点，设计并制作课件，使用普通话进行十分钟的片段教学展示，作为非师创新班课程结业考核的一部分(图 5)。片段教学展示完毕后，各组学员要讲解和回答教学设计的制定思路、教学难点、教学重点等方面的问题，培养学员的沟通交流和表达能力。在这个阶段，评委老师对教学过程进行点评，评定学员教学水平和质量是否达到培训要求，提出教学反馈和建议。学员通过片段教学展示，发现教学设计和教学过程中的问题并改进，提高教学反思能力与教学质量意识。

图 5　非师创新班学员进行片段教学展示

5.反思总结

在完成非师创新班的全部课程后，每位学员都进行了反思和总结，在反思中总结，在总结中反思：总结自己的收获与成长，沉淀经验；反思自己的不足，为下一阶段的努力和突破指明方向，通过不断总结与反思走向通往教师之路的大门。

(三)导师团队齐心协力

培训导师团队由 12 位学校教育教学专家、25 位三明市中小学一线教师、2 位全国知名教育教学专家和 1 位班主任组成，全方位多角度为学生提供有针对性的指导和答疑，使学生在各个环节的发展都能得到强有力的支持。此外，非师创新班还配备了 2 位兼职管理人员，以协调创新班培养方案实施过程的各项工作，确保创新班有序高效进行。在学员满意度调查问卷中，全体学员认为创新班培训课程实用与适用兼具，增强了自己从教意愿和参加教师招考信心，满意度达 91%。

七、总结与展望

师资是基础教育的第一资源。在应对新时代教育改革挑战与地方基础教育多样化需求的背景下，非师创新班沉浸式教学培训模式有效地促进了非师生充分将教育教学理论与实际教学工作有效结合，激发了非师生甘于奉献的教育情怀、敬业爱生的为师品格，培育了一批乐学善教的准教师教育工作者，缓解了地方基础教育师资的紧缺问题。非师创新班沉浸式教学培训模式作为一种创新的教学模式，能够有效提升非师生的教学能力和综合素质，值得校内各师范专业甚至各师范院校、教育管理机构推广应用。

参考文献

[1]喻昕，许正良.网络直播平台中弹幕用户信息参与行为研究——基于沉浸理论的视角[J].情报科学，2017，35(10)：147-151.

[2]赵益维，罗养霞，张天宇，等.沉浸式教学和任务驱动法在高校电子商务管理类双语课案例教学中的应用[J].吉林省教育学院学报，2015(8)：72-74.

[3]张建勋，朱琳.基于 BOPPPS 模型的有效课堂教学设计[J].职业技术教育，2016(11)：25-28.

项目驱动机制下“414”体医养融合康养人才培养模式探索

——以“体育与康养学院健康大数据应用和新媒体运营”项目驱动创新班为例

执笔人：王　峰，王红雨

内容提要：健康大数据应用和新媒体运营项目驱动创新班是根据体育与康养学院正在建设运行的三明市公共体育文化服务平台和体育产业学院合作企业人才需求设计，立足于国家开展的“健康中国”“乡村振兴战略”和三明市“十三五”规划等政府关注民生重点产业。“414”体医养融合康养人才培养模式，即政府扶持、企业需求、学院主导和校内协同，四方合作分工明确；以应用型人才培养为核心，以项目驱动、智力支持、人才储备和项日实操为四轮驱动，在实践中探索体医养融合康养人才培养模式。

关键词：项目驱动创新班；体医养；健康；人才培养

三明学院为深化应用型人才培养模式改革，构建专业群、产业学院、项目驱动创新班、应用型教学团队和课程“五位一体”应用型人才培养模式。项目驱动创新班是打通教学与实践壁垒，实现校企、政校等多方面联合育人的有效实施途径。2018 年 1 月，体育与康养学院与奥美之路(北京)健康科技股份有限公司、福建奥翔体育塑胶科技股份有限公司等企业合作成立体育产业学院，在运动康养技术研发、体育智能装备设计、体育管理人才培养等方面进行深度合作。依托体育产业学院，2018 年 5 月，联合三明市体育局、三明市中西医结合医院、三明市清流县林畲镇政府、三明市人人网络科技有限公司，根据项目研发、技术服务需求，在三明学院开设健康大数据应用和新媒体运营项目驱动创新班，负责人为王红雨副教授(体育与康养学院挂职副院长)，参与师资团队为王勇、罗剑、王峰、范俊雄、郑伟、宋梁、程蜀琳(上海交通大学教授)、陈喜雄(林畲镇党委书记)、陈清祥(三明市中西医结合医院)、熊嗣武(人人网络科技有限公司负责人)、张芳超(三明市体育局)。在三明学院校内招募学生 25 人，涵盖体育教育、社会体育指导与管理、信息工程、传播学、风景园林、环境设计、视觉传达、生物技术、旅游管理与服务等专业，利用在校期间与暑期，依据开班计划实施校内基础知识课程教学与校外短期实训相结合，开设了涵盖运动医学、运动营养学、康复学、社会体育、体育旅游、体育游戏、研学和素质拓展、新媒体运营、太极拳和八段锦、慢性病管理等课程 16 门，合计 130 学时。在三明市清流县林畲乡、李家乡，将乐县南口镇，大田县建设镇，三明市乾龙社区开展实践活动和理论教学，服务当地群众 300 人次。截至 2018 年 12 月，创新班师生为市县居民开展体质健康测试与运动指导近 500 人次；协助三明市体育局建设国民体质监测与运动指导数字服务平台；协助将乐县总医院开展运动处方师培训；协助清流政府举办

2018 年林畲桂花小镇农民丰收节，协助林畲镇政府规划健身步道。

一、相关背景介绍

2016 年中共中央国务院印发的《“健康中国 2030”规划纲要》中指出：“完善全民健身公共服务体系、广泛开展全民健身运动、加强体医融合和非医疗健康干预、促进重点人群体育活动；推动形成体医结合的疾病管理与健康服务模式，加强全民健身科技创新平台和科学健身指导服务站点建设。”2018 年三明市委市政府印发《“健康三明 2030”行动计划》，提出“从广泛开展全民健身运动、完善公共体育服务设施、促进重点人群体育健身、加强体医融合和非医疗健康干预等方面来阐述，通过科学健身，增强体质，减少疾病”。党的十九大指出，当前我国社会主要矛盾已经转化为人民日益增长的美好生活需要和不平衡不充分的发展之间的矛盾。体育恰恰是增强百姓幸福感、获得感、满足感和将全民健康、健康中国落到实处的有效途径之一。

2018 年体育与康养学院根据正在建设运行的三明市公共体育文化服务平台和体育产业学院需求设计，立足于国家开展的“健康中国”“乡村振兴战略”和三明市“十三五”规划等政府关注民生重点产业，开设健康大数据应用和新媒体运营项目驱动创新班。

体医养融合，是体育、医疗、养老的跨界整合，是健康中国发展的趋势。健康大数据应用与媒体运营是其实现的有效形式，它以服务的方式提供个性化运动指导，让人保持健康、改善亚健康和避免病后再复发等状态。在此基础上进行产品研发，使中国居民既有医疗处方，又有药物处方，更有辅助性的运动和康养处方，三种处方的有机结合服务居民健康的全生命周期。未来体育产业的发展方向将是提高百姓的科学健身意识与提高健康素养。目前，百姓对运动、饮食、睡眠等科学健身意识和健康素养方面知识获取渠道不畅，更不具备针对性。这就需要政府、医疗机构和体育教育机构共同搭建一个让百姓获取知识的平台，避免损伤性运动和养成不良生活习惯，识别疾病早期症状。同时，成立线上与线下咨询站，对相关人群进行现场测试，获取专业人士开出的运动处方。在专业人才培养方面，既要培养综合型人才，服务健康、亚健康人群；又要培养康养专业领域人才，配合医疗机构治疗患病人群，并充分利用和整合三明市优良生态环境和已有的旅游资源，开展功能性的休闲养生项目，把运动处方的执行和休闲旅游结合起来，重点放在社区活力老人群体上，以推进三明市健康中国行动和乡村振兴战略实施。项目驱动创新班的培养目标，是通过多学科理论知识学习与技能实践，使创新班内学生掌握常见慢性病及患病人群特征；掌握相关慢性病运动处方，并能够因地制宜、因人而异的设计、执行、调整处方；监督和指导相关群体执行运动处方；设计、创编、推广相关运动项目，如健身操、器械操；初步掌握食疗基本原理和食谱；培养较强的组织管理能力，初步养成良好的职业习惯；初步掌握健康大数据监测、采集和数据分析等应用技能。

二、“414”项目驱动创新班人才培养模式与实施成效

深化三明学院“五位一体”应用型人才培养模式改革，应充分发挥项目驱动创新班的引擎作用。根据对项目驱动创新班工作的思考，做好创新班必须明确相关方的关系

问题，必须确定政府、企业和高校之间的责任和义务(具体见图1)。

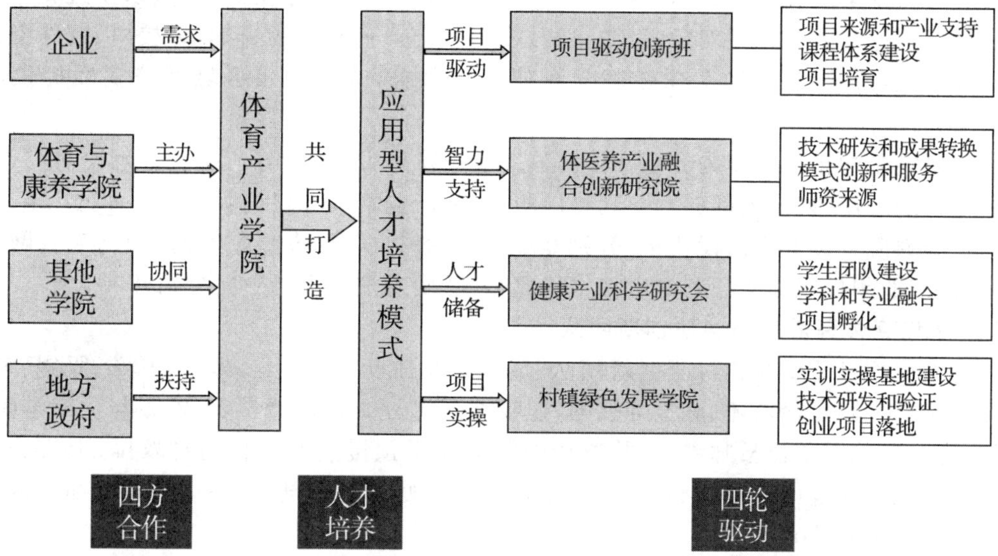

图1　项目驱动创新班人才培养模式关系

实际运作中将此归纳为"414"模式，即政府扶持、企业需求、学院主导和校内协同，四方合作分工明确；以应用型人才培养为核心，以项目驱动、智力支持、人才储备和项目实操为四轮驱动，才能确保创新班达到期望目标。

具体做法如下所述。

(一)面向应用的组织机制是项目执行的保障

(1)体育产业学院。产业学院是高校与相关企业的合作平台和纽带，可以让高校直接获取市场需求，以便培养符合市场亟须的人才。企业需求是项目驱动创新班的来源和基础。

(2)项目驱动创新班工作领导小组。为确保项目驱动创新班顺利运行，并达到预期目标，成立体育学院项目驱动创新班工作领导小组，统一协调和组织项目驱动创新班的工作开展。

组长：秦德平。

副组长：陈皓、王勇、王红雨。

领导小组下设办公室，负责学院组织的项目驱动创新班日常管理工作。

(二)专业智库提供技术和产业支持

1.成立体医养产业融合创新研究院

2018年体医养产业融合创新研究院成立，成员包括相关高校、企业和政府机构。成立体医养产业融合创新研究院，可以整合科研机构与企业资源，通过开展课题研究、参与政策咨询、传播学术思想、发展教育培训、推动人才输送等各种渠道参与三明市的经济决策，从而提升学校在学术和政策领域的影响力。

研究院秉承“经世致用　自强致用”的目标，本着求真务实的精神，以体医养产业融合发展理论实践为研究对象，以政策、技术研究与产业实践为目标，以校内、校外资源为支撑，开展跨学科研究，为学校教学科研工作服务，为三明市区域经济实践提供决策参考。

研究院的主要工作内容包括体医养产业技术研究、体医养产业融合理论研究、产学研结合的应用研究、内部（公开）刊物出版、相关产业培训和咨询服务五方面的内容。

研究院下设五个内设机构，分别是品牌研究中心、文旅产业研究中心、互联网信息中心、产业创投服务中心和健康技术研究会（学生），按照市场导向分别开展工作。

2.培育体医养项目科研创新团队

根据项目需要组建科研创新团队，成员包括王勇、王红雨、郑伟、王峰、罗剑、宋梁、范俊雄、崔胜利、徐新建、陈金等教师，还吸纳了部分文化传播学院、资源与化工学院、旅游学院、医院等单位教师参与，并邀请国际运动干预慢病专家程蜀琳教授（上海交通大学体育系运动健康工程中心主任）协助完成运动处方库建设，开展运动处方和休闲旅游相结合方面的技术研究。

（三）建设实践基地为项目落地寻找支撑

根据项目设计，本项目主要做好三个内容服务，具体如图 2 所示。

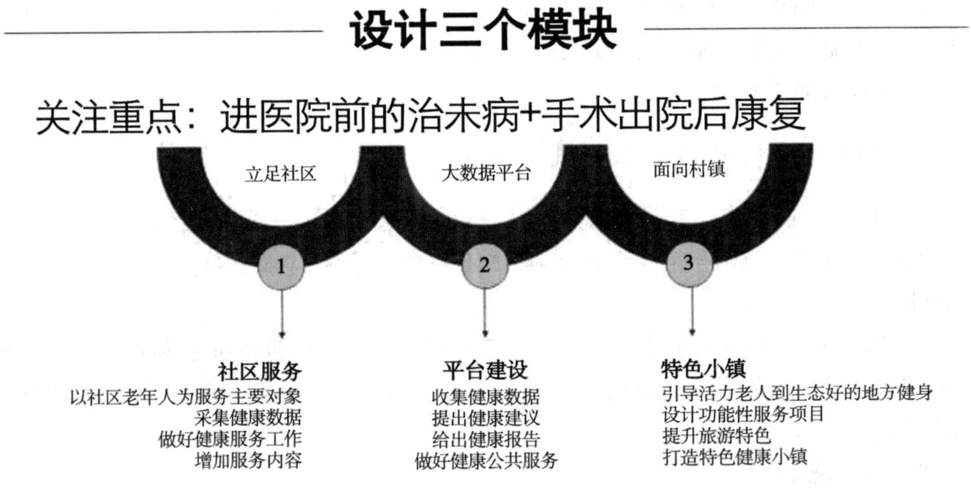

图 2　体医养模式主要服务内容

（1）社区基地。主要与三明市乾龙社区、富兴堡社区，三明市老年大学等建立合作关系，为社区居家老年人提供体质监测服务，并与医院的健康门诊、体检机构和社区养老机构等开展数据共享服务，收集健康大数据作为研究依据。

（2）乡村基地。本项目基地主要设在清流林畲镇和将乐南口镇。充分利用基地的现有休闲旅游资源和生态养生条件，包括民宿、步道、农业生产基地、生态食材等开展运动处方、食疗处方和医疗处方融合实践研究。

（四）成立健康技术研究会引导学生开展长期技术研究和服务

为更好地组织学生参与项目驱动班学习，并为今后参加创新创业活动打下基础，体育学院成立了健康技术研究会，挂靠在院两委下开展工作。研究会设立的机构按照市场实际需求设置研学运营团队、民宿运营团队、综合社群平台开发与运营团队、乡村旅游运营团队、体医养融合运营团队、运动处方技术团队、运动营养餐团队 7 个部门。学生经过一段时间的工作，就可以根据项目需求组建自己的项目执行团队，最终成为一个创新创业项目或创业企业。

（五）项目驱动创新班运行情况与成效

1.丰富课程内涵

项目驱动创新班共吸纳体育与康养学院、旅游学院、文化传播学院、资源与化工学院、信息工程学院等 72 名学生参与，后筛选 25 名学生作为班级核心成员。创新班共开设 16 门课程，涵盖了运动医学、运动营养学、康复学、社会体育、体育旅游、体育游戏、研学和素质拓展、新媒体运营、太极拳和八段锦、慢性病管理等课程（图 3 和图 4），合计 130 学时。组织相关技能实训 8 场，参加的学生都已掌握基本知识和技术，为下轮教学打下基础。

图 3　程蜀琳教授运动干预慢病专题讲座

图 4　营养配餐课程

2.教学团队整合

授课师资由校内体育与康养学院、文化传播学院、旅游学院和校外企业、三明市中西医结合医院、上海交通大学、北京体育大学等组成。这些师资大部分也被聘为体医养产业融合创新研究院的研究员，研究院成为产教融合结合点。

3.专业师资培训

体育与康养学院选拔 6 名专业教师参与国家体育总局、体育科学学会、广州体育学院等组织的运动处方、体能训练类培训(图 5)，在学习国内外先进经验的同时，为创新班后续工作培训师资和寻找创业项目提供支撑。

图 5　参加 2018 国际慢性病运动处方培训班

4.创业项目孵化

创新班鼓励学生开展相关创业项目实践，将学习、实践与创业相结合。创新班学生团队申报的三明康体养综合服务平台获批福建省大学生创新创业训练项目立项，启动资金 10 万元；成立 1 家青少年运动指导公司(永安健儿体育有限公司)、1 家运动营养餐公司(元气健身餐)。

5.社会服务拓展

2018 年以来依托三明市公共体育文化服务平台(与三明市体育局共建)、三明学院村镇绿色发展学院，在清流县林畲乡、李家乡，将乐县南口镇，大田县建设镇、乾龙社区开展实践活动和理论教学，服务当地群众 300 人次。截至 2018 年 12 月，创新班师生运用康养知识与技能服务地方，在市县开展国民体质测试近 500 人次，协助三明市体育局建设社区居民健康管理平台(图 6 和图 7)。体医养产业融合创新研究院赴将乐县开展相关调研，协助将乐县总医院选送医师参加中国体育科学学会、国家体育总局体育科学研究所开展的运动处方师培训；协助清流政府举办 2018 年林畲桂花小镇农民丰收节，协助林畲镇政府规划健身步道。

图 6　成立睿动体质健康团队服务社区居民

图 7　在社区老年活动中心开展科学运动指导服务

三、总　结

"414"体医养融合康养人才培养模式得以顺利运行并取得相应成效，得益于政府扶持、企业需求、学院主导和校内协同，四方合作分工明确；牢牢抓住培养康养应用型人才这一个核心；并以项目驱动、智力支持、人才储备和项目实操为四轮驱动，形成多方协作联合培养与科研教学结合实践的应用型人才培养闭环。课程建设根据企业、政府等项目持有方的实际需求进行拆分，并在教学中引导学生根据特长和兴趣形成相应实践团队，强化技能并解决实际问题，实现了学生康养能力培养、教师专业能力提升、项目需求方诉求实现、校方社会责任体现等多方共赢。后期，将从以下几个方面入手进一步提升项目驱动创新班人才培养和实施效果。

（一）师资和技术储备工作

继续选送6～8名专业教师参加各种专项培训，继续依托产业研究院开展体医养技术研究和应用试点工作。同时，根据三明学院与清流县政府、三明学院与将乐县政府签订校县合作协议，开展技术研发和服务工作，形成8～12人专家团队。

（二）进一步推进项目驱动创新班课程建设

继续推进项目驱动创新班课程体系建设和教学实践工作，形成1～2本特色教材，并以清流县林畲镇、将乐县南口镇为基地开展师资培训和学生团队实训工作，与三明市老年大学和部分社区开展基于专项慢性病的运动处方实践工作，服务乡村振兴战略和2030健康中国战略。

1.健康大数据分析

在三明和厦门选择3～5个社区开展以老年人为主的运动能力测试活动，为今后有序开展运动处方积累数据。

2.农村实践基地建设

依托村镇绿色发展学院开展健康小镇创建工作，把林畲镇乡村振兴战略和健康中国战略有机融合，打造三明学院服务地方的特色乡村振兴模式。研究方向如下：

（1）大数据解读＋专项慢病管理＋个性化运动干预＋术后康复＋休闲旅游＋候鸟式养老＝健康特色小镇。

（2）红色教育＋传统文化＋生态文明＋休闲旅游＋健康管理＋养老养生＝健康产业链。

（3）健身步道＋农事体验＋亲子活动＋健身培训＋传统养生＋食疗＝运动处方执行。

（4）周边人群＋老年人群体＋外地养生人群＝服务对象组织。

（5）城市社区＋大企业＋居家养老机构＝服务机构合作。

（6）专业合作社＋企业＋精准扶贫＋基础服务＋民宿＋农事体验＝乡村振兴探索。

（三）创业衍生项目培育工作

瞄准互联网＋大赛孵化学生创新创业项目，参加红色筑梦之旅和初创组比赛，主要集中在以下几个方向：

（1）公立医院＋体检机构＋社区医院：健康数据解读。

（2）运动处方＋食疗处方＋健康生活方式：全民健身。

（3）可穿戴设备＋非接触式设备＋移动传感设备：健康大数据服务。

（4）老年人健身＋老年人养生＋老年人创业：银发经济。

总之，项目驱动创新班在实施过程中，企业或政府是项目驱动创新班的项目来源和课程设置的需求方；体育与康养学院是项目主导方，组织和提供师资；体医养产业融合创新研究院为项目智库，既提供技术研发，也提供技术咨询服务；其他相关二级学院是创新班的协同方，只有发挥专业群资源优势才能真正地做好产业链服务，才能成为产教融合过程中产业、教学、人才培养的有机纽带。